Michael Löwy

Che Guevara

ISP * Köln

Reihe: isp-pocket 25

Titel der Originalausgabe: *La pensée de Che Guevara*, Paris 1970, (petite collection maspero, Nr. 62)

Aus dem Französischen von Willy Boepple.

Die Deutsche Bibliothek - CIP-Einheitsaufnahme

Löwy, Michael:
Che Guevara / Michael Löwy. [Aus dem Franz. übers. von Willy Boepple]. - 2. Aufl. - Köln : ISP, 1993
(isp pocket ; 25)
Einheitssacht.: La pensée de Che Guevara <dt.>

ISBN 3-929008-25-4
NE: GT

ISP

Neuer ISP Verlag GmbH, Dasselstr. 75-77, 5000 Köln 1

2. Auflage März 1993

Umschlaggestaltung: Horizonte graphic design
Lektorat: Wilfried Dubois
Gesamtherstellung: Nexus, Frankfurt

5 6 - 97

Inhalt

Anhang

„¡CHE! *Amér.* Interjección que sirve para expresar alegría, dolor, admiración".

„¡CHE! *Amerikanismus,* Ausrufewort, das als Ausdruck dient für Freude, Schmerz, Bewunderung".

Enciclopedia Universal Ilustrada, Bd. XVII, S. 132

Vorwort zur deutschen Ausgabe

Diese kleine Studie wurde 1969 geschrieben, zwei Jahre nach Ches Tod und ein Jahr nach der weltweiten revolutionären Welle von 1968. In ihr drücken sich folglich ein gewisser „Zeitgeist", eine Atmosphäre, ein historischer Kontext aus, die recht verschieden sind von denen am Ende der achtziger Jahre. Dennoch verleugne ich nicht, was ich damals geschrieben habe: Ich glaube weiter, daß die Ideen des Che Interesse verdienten und noch verdienen, daß sie fruchtbar und aktuell waren und sind.

Walter Benjamin schrieb in seinen „Thesen über den Begriff der Geschichte",[1] die Erinnerung an die besiegten und zu Märtyrern gemachten Vorfahren sei eine der tiefsten Quellen der Inspiration des revolutionären Geistes. Mir scheint es wichtig, die Erinnerungen an den Che und sein lebendiges Denken vor dem Vergessen, den reaktionären Verleumdungen und den bürokratischen Verharmlosungen zu retten.

Dies soll nicht heißen, ich hätte dieses Buch heute genauso geschrieben. Mit dem Abstand der Jahre bin ich mir seiner Lücken, Fehler und Grenzen bewußt.

Der erste Teil über den marxistischen Humanismus des Che scheint mir dem Lauf der Zeit am besten standgehalten zu haben. Dies ist vielleicht auch die Dimension seines Werks, die auf die europäische Jugend unserer Tage die größte Anziehungskraft ausüben kann, deren aktives Engagement — gegen den Krieg, gegen den Rassismus, in Solidarität mit der Dritten Welt — sich aus ethischen und humanistischen Motiven speist. Der Einfluß, den eine szientistische,[2] strukturalistische, „anti-humanistische" Lektüre des Marxismus (z.B. bei Althusser oder Bettelheim) in

1 [Vgl. Walter Benjamin, „Über den Begriff der Geschichte" (1940), in: *Gesammelte Schriften,* herausgegeben von Rolf Tiedemann und Hermann Schweppenhäuser, Frankfurt a. M.: Suhrkamp Verlag 1974, Bd. I. 2, These XII, S. 700; vgl. auch die gestrichenen Passagen in einer Notiz (Benjamin-Archiv, Ms 486), veröffentlicht in den Anmerkungen der Herausgeber, Bd. I. 3, S. 1246.]

2 [Szientismus — wissenschaftstheoretische Position, die quantifizierende, unkritisch den Naturwissenschaften entlehnte Methoden (auch in den Geistes- und Sozialwissenschaften) als einzig wissenschaftlich zulassen möchte.]

den sechziger Jahren ausüben konnte, ist seit langem verschwunden. Der Marxismus wird nicht erneut zu einem bedeutsamen Bestandteil der politischen Kultur der heute auftretenden neuen rebellischen Generationen werden, wenn er nicht wie bei Che Guevara moralische Werte wie das Leben, die Freiheit und die menschliche Würde in sich aufnimmt.

Die Seiten über Ches Internationalismus am Ende des Buches scheinen mir ebenfalls nichts an Aktualität verloren zu haben: Auch wenn die historische Situation keineswegs dieselbe ist, spielt Nicaragua heute eine ähnliche Rolle wie Vietnam in den sechziger Jahren — als Symbol und Vorposten des Zusammenstoßes zwischen dem „System" und den um ihre nationale und soziale Befreiung kämpfenden Völkern. Der Interntionalismus ist und bleibt der konkrete politische Ausdruck des revolutionären Humanismus.

Der zweite Teil des Buches über das ökonomische Denken des Che und die Probleme des Übergangs zum Sozialismus enthält dagegen große Schwächen. Weniger aufgrund dessen, was gesagt wird, als aufgrund dessen, was *nicht* gesagt wird, was *verschwiegen* wird: die Frage der *sozialistischen Demokratie.* Nicht daß Ches Argumente zur Verteidigung der Wirtschaftsplanung gegen die Warenkategorien falsch seien. Aber sie lassen die *politische* Schlüsselfrage im Dunkeln: *Wer* plant? *Wer* trifft die grundsätzlichen Entscheidungen über den Wirtschaftsplan? *Wer* legt die Prioritäten der Produktion und des Konsums fest? Ohne wirkliche *sozialistische Demokratie* — d.h. ohne a) politischen Pluralismus, b) freie und demokratische Diskussion der Probleme des sozialistischen Übergangs und der möglichen Lösungen, c) freie Entscheidungsmöglichkeiten der Arbeiter zwischen den verschiedenen Vorschlägen und Alternativen, d) direkte Kontrolle der arbeitenden Bevölkerung über die Verantwortlichen für den Plan — wird die zentralisierte Planwirtschaft unvermeidlich zu einem bürokratisierten, autoritären und ineffizienten System der Wirtschaftsleitung. Mit anderen Worten, die *ökonomischen* Probleme des Übergangs zum Sozialismus sind nicht von der Natur des *politischen* Systems zu trennen. Die kubanische Erfahrung der letzten 20 Jahre hat gezeigt, welche negativen Konsequenzen das Fehlen sozialistisch-demokratischer Institutionen hat —selbst wenn Kuba glücklicherweise nicht die bürokratischen und totalitären Verwerfungen der anderen nachkapitalistischen Staaten erfahren hat.

Che Guevaras Polemik gegen den Marktfetischismus war ganz und gar gerechtfertigt; es handelt sich dabei im übrigen um eine Debatte, die weiter auf der Tagesordnung steht — siehe die Diskussion, die vor kurzem zwischen Ernest Mandel und Alec Nove stattgefunden hat.[3] Aber die Argumente des Che für die zentralisierte Planwirtschaft wären viel überzeugender, wenn sie auf das Prinzip der demokratischen Kontrolle der Arbeiter über die Planungsinstanzen gegründet wären. Wie Ernest Mandel in seiner Kritik des Buches von Alec Nove unterstrich, existiert ein *tertium datur* jenseits der Sackgassen des Markts auf der einen und der bürokratischen Planwirtschaft auf der anderen Seite: demokratisch artikulierte und zentralisierte Selbstverwaltung, planvolle Selbstregierung der assoziierten Produzenten. In diesen Fragen waren die Ideen des Che jedoch — trotz seines Mißtrauens gegenüber dem sowjetischen Modell und trotz seiner großen antibürokratischen Sensibilität — bei weitem nicht klar, und meine Darstellung seiner Position war zu unkritisch...

Dieses Fehlen kritischer Distanz kommt auch im dritten Teil des Buches über den revolutionären Krieg zum Ausdruck. Dies ist umso bedeutsamer, als das Erbe des *Guevarismus* in Lateinamerika in einem hohen Maß auf diesen Aspekt konzentriert ist. Die Frage, die ich am Ende des zweiten Abschnitts („Die Guerilla") aufwerfe, sind weitgehend unzureichend und bringen die realen Probleme, die die „politisch-militärische" Strategie des Che enthält, nicht zur Sprache.

Es wäre allerdings falsch, diese Strategie auf den *foco*[4] der Guerilla zu reduzieren. Ches Ideen über die lateinamerikansiche Revolution reichen viel weiter. Mit seiner berühmten Formulierung von 1967 (in der „Botschaft an die Tricontinentale") — „Es

3 „In Defence of Socialist Planning", in: *New Left Review* (London), Nr. 159, September/Oktober 1986, S. 5-37.
[Ernest Mandel kritisiert folgendes Buch: Alec Nove, *The Economics of Feasible Socialism*, London: Allen & Unwin 1983. — Inzwischen erschien eine Replik: Alec Nove, „Marktes and Socialism", in: *New Left Review*, Nr. 161, Januar/Februar 1987, S. 98-104.]

4 [*Foco* (spanisch) — wörtlich: Brennpunkt, Herd; hier im Sinne von: Aufstandsherd. Abgeleitet davon: *foquismo, foquista* — in etwa: Fokustheorie, Anhänger des *foquismo*; von Gegnern verwendete Bezeichnung für die Konzeption des bewaffneten Kampfs, die durch Che Guevaras Buch über den Guerillakrieg von 1960, vor allem aber durch Régis Debrays *Revolution in der Revolution?* bekannt wurde. Aus einer Kritik der traditionellen kommunistischen Parteien und aufgrund seiner Interpretation des Verlaufs der kubanischen Revolution entwickelte er eine politisch-militärische Konzeption, derzufolge es (in Lateinamerika) eine eindeutige Avantgarde ohne bewaffneten Kampf nicht geben könne,

gibt keine anderen Alternativen mehr als entweder die sozialistische Revolution zu machen oder die Karikatur der Revolution" — hat er einer ganzen Generation von Revolutionären geholfen, sich aus der stalinistischen Zwangsjacke der „Revolution in Etappen" freizumachen. Und durch seine Betonung der konterrevolutionären Rolle der Streitkräfte und der Notwendigkeit für die Revolutionäre, den Unterdrückungsapparat des bürgerlichen Staats zu zerschlagen, hat er einen Beitrag zum Aufschwung einer neuen kämpferischen Vorhut auf dem gesamten Kontinent geleistet. Es stimmt jedoch, daß sich in seinen Schriften, sei es über die historische Erfahrung des Guerillakriegs auf Kuba oder über die Lehren aus dieser Erfahrung für ganz Lateinamerika — und mehr noch in seinem tragisch verlaufenen bolivianischen Versuch eine Tendenz finden läßt, die Revolution auf den bewaffneten Kampf, den bewaffneten Kampf auf die ländliche Guerilla und diese auf den kleinen Kern des *foco* zu reduzieren. Zweifellos findet man in seinem Werk auch Passagen, die diese Konzeption nuancieren und die Bedeutung des politischen Massenkampfes in einer korrekteren Weise festzuhalten. Es ist auch nicht uninteressant, daß er Attentate und blinden Terrorismus kategorisch ablehnte...

Guevaras Thesen über den revolutionären Krieg haben auf eine gesamte Strömung von kämpfenden Organisationen in Lateinamerika (und in einem gewissen Ausmaß auch auf anderen Kontinenten) sehr großen Einfluß gehabt. Wie hat diese guevaristische (oder castristische) Strömung versucht, die Methode des Guerillakriegs anzuwenden? Man muß zugeben, daß die Tendenz zum militaristischen Reduktionismus bei den meisten bewaffneten Gruppen der castristischen Strömung (mit einigen Ausnahmen wie dem chilenischen MIR) letztlich vorgeherrscht hat, die von daher durch polizeiliche und militärische Repression, Folter, Massaker in Peru, Venezuela, Bolivien, Brasilien, Argentinien, Uruguay und Guatemala nach und nach zerschlagen wurden.

Diese politisch-militärischen Organisationen zeichneten sich dadurch aus, daß sie alle politischen Schlüsselaufgaben des revolutionären Kampfes wie den Aufbau einer Vorhutpartei, den Kampf

entscheidend sei die Gründung militärischer Foci. „Die Avantgardepartei kann in der spezifischen Form des Guerillafocus existieren. Die Guerilla ist die Partei in ihrer Anfangsphase." (S. 112) Régis Debray selber verwahrte sich im September 1967 gegen bestimmte Sichtweisen seines Modells: „Die sogenannte *foco*-Theorie in ihrer einfachsten, skeletthaftesten Form eines isolierten militärischen Detonators, der auf sich selbst gestellt, von jeglicher nationaler Organisation oder städtischer politischen Arbeit isoliert ist, wäre gewiß eine utopische Auffassung."]

für die politische Unabhängigkeit der Arbeiterklasse und für die Arbeitereinheitsfront, die gewerkschaftliche und politische Selbstorganisation der Massen, die Bewaffnung der Arbeiter und Bauern, ausgehend von deren eigenen Strukturen, den städtischen und ländlichen Guerillaoperationen der kleinen bewaffneten Kerne unterordneten. Das Ergebnis ihres heroischen, aber von der großen Masse des Volkes isolierten Kampfes gegen den unermeßlich starken Unterdrückungsapparat des Staates war die Niederlage. So kam mit dem Che eine ganze Generation von revolutionären Führern um, die heute in Lateinamerika legendäre Figuren sind: Camilo Torres (Kolumbien), Luis de la Puente Uceda (Peru), Guillermo Lobatón (Peru), Yon Sosa (Guatemala), Turcios Lima (Guatemala), Inti Peredo (Bolivien), Carlos Marighella (Brasilien), Carlos Lamarca (Brasilien), Roberto Santucho (Argentinien) und viele andere. Der letzte Versuch, den Guevarismus in den siebziger Jahren wieder aufleben zu lassen, der auf eine Initiative von Miguel Enriquez und der Führung des chilenischen MIR hin zustandekam, war die Bildung der „Junta de Coordinación Revolucionaria" (JCR) zusammen mit dem argentinischen PRT und den Tupamaros aus Uruguay. Die JCR bestand einige Jahre (sie gab eine Publikation mit dem Titel *Che* heraus), fiel aber schließlich unter den Schlägen der Unterdrückung und zugleich aufgrund interner Differenzen auseinander.

Heißt das, daß die Guerilla im revolutionären Kampf in Lateinamerika keine Rolle spielen kann? Daß der bewaffnete Kampf ein falsches und gefährliches Unterfangen, den kürzesten Weg zur Liquidierung der Vorhut darstellt? Daß die historische Bilanz des Guevarismus im wesentlichen negativ ist? Solche Schlußfolgerungen, wie sie in den siebziger Jahren von vielen Sektoren der Vorhut gezogen worden sind, waren voreilig. Der Triumph der „Frente Sandinista" in Nicaragua und die gegenwärtige Entwicklung der Guerillakräfte in El Salvador und Guatemala unter der Führung der „Frente Farabundo Marti para la Liberación Nacional" (FMLN) bzw. der „Unidad Revolucionaria Nacional Guatemalteca" (URNG) zwingen zu einer erneuten Überprüfung der guevaristischen Thematik, die eine der hauptsächlichen Quellen der politischen Inspiration der mittelamerikanischen Revolutionäre war und ist.

Die Erfahrung der bewaffneten Volksbewegung in Mittelamerika beweist, daß politisch-militärische Organisationen die Rolle einer *tatsächlichen revolutionären Führung* spielen können, in dem

Maße, wie es ihnen gelingt, die enge Konzeption des *foquismo* zu überwinden. Unter den Bedingungen, die dieses Ergebnis möglich gemacht haben, lassen sich nennen:

1. Die Einheit der revolutionären Front: Wiedervereinigung der FSLN 1978, Bildung der FMLN 1980 usw.

2. Bildung einer breiten antiimperialistischen und antidiktatorischen Front (die reformistische oder kleinbürgerliche Kräfte einschließt) unter Hegemonie der Revolutionäre.

3. Enge Verbindungen zwischen den Vorhutkernen und den verschiedenen Massenorganisationen für Arbeiter, Bauern, Lehrer, Studenten usw. Politische Arbeit mit breiten Massen der Landbevölkerung (oder Eingeborenengemeinschaften).

4. Direkte oder indirekte Unterstützung der am meisten radikalisierten Sektoren des Klerus und der christlichen Gemeinschaften.

5. Eine tiefe Krise des oligarchischen Regimes und der Diktatur in seinen Diensten.

Der Triumph der Revolution schließt darüber hinaus die Voraussetzung ein, daß die Diktatur an einem Punkt so weitreichender Zersetzung angelangt ist, daß das Ausbrechen örtlicher Aufstände möglich wird (wie in Nicaragua im Juli 1979).

Die Entwicklung der revolutionären Kriege in Nicaragua und El Salvador entsprach nicht dem foquistischen Modell der sechziger Jahre: ihre zentrale Achse war nicht die Guerillakolonne (oder Kerne von Stadtguerilleros), sondern eine explosive Dialektik zwischen Stadt und Land, bewaffnetem Kampf und Streiks, städtischen Aufständen der Armenviertel und Landguerilla, gewerkschaftlicher Mobilisierung der Arbeiter und Kampf der Bauerngemeinschaften. Die marxistische Vorhut in diesen Ländern ist (wie in Guatemala) Erbin des Guevarismus, aber sie hat es verstanden, einige der wesentlichen Schwächen der Guerillaerfahrung des vorhergegangenen Jahrzehnts mit Hilfe neuer, auf die jeweilige nationale Realität zugeschnittener Lösungen zu überwinden.

Kann die gegenwärtige mittelamerikanische Erfahrung auf ganz Lateinamerika verallgemeinert werden? In Wirklichkeit ist der lateinamerikanische Kontinent bei weitem kein homogener Block: Es lassen sich mindestens zwei recht verschiedene Typen von Gesellschaftsformationen unterscheiden, denen spezifische Methoden des revolutionären Kampfes entsprechen: 1. die „klassischen“ halbkolonialen Länder, in denen die Agrarstruktur vorherrscht, die Rohstoffe für den Export produzieren, die direkt vom Imperialismus beherrscht werden, der mit der einheimischen Oligarchie eng verquickt ist (El Salvador, Guatemala, Honduras, Haiti, Paraguay, Ecuador, Dominikanische Republik usw.); 2. die halbindustrialisierten Länder, die weiter imperialistischer Herrschaft unterworfen bleiben, die aber eine bedeutsame industrielle Entwicklung durchgemacht haben und deren Finanzkapital einen gewissen Grad von Autonomie besitzt (Mexiko, Argentinien, Brasilien). Zwischen diesen beiden Typen finden wir verschiedene Zwischenstufen von Gesellschaftsformationen, einige näher an dem halbkolonialen Pol (Peru, Kolumbien, Bolivien), andere näher am halbindustrialisierten Pol (Uruguay, Venezuela, Chile).[5] Einer der grundlegenden Fehler der Guerillagruppen der sechziger (und von Anfang der siebziger) Jahre lag genau darin, diese Unterschiede zu ignorieren, im Versuch, das kubanische Modell des revolutionären Krieges oder eine städtische Variante des Guerillafoco in Ländern wie Brasilien, Argentinien und Uruguay anzuwenden, in denen in großen städtischen Metropolen ein bedeutendes Industrieproletariat konzentriert ist.

Die Möglichkeit, daß in weiteren Gesellschaftsformationen des Kontinents revolutionäre Volksbewegungen stattfinden werden, in denen in ähnlicher oder in gleicher Form wie auf Kuba, in Nicaragua, El Salvador und Guatemala die Guerilla eine zentrale Rolle spielen wird, ist nicht auszuschließen. Aber in den halbindustrialisierten Ländern werden die „klassischen" Methoden des proletarischen Kampfes in den kommenden Jahren in zunehmendem Maße die zentrale Achse bilden: Aufbau einer Arbeitermassenpartei, Kampf für die politische Unabhängigkeit der Arbeitenden, Bildung einer Einheitsfront der Arbeiter, Bauern und des Volkes, Kampf für Übergangsforderungen, Selbstorganisation der Arbeiter-, Bauern- und Volksmassen und in einer Situation der Krise die Zentralisierung der Komitees und Verbände der Arbeitenden, Bildung der Doppelmacht, Bewaffnung der Arbeitenden, Generalstreik und Aufstand.

Eine kritische Bilanz der Ansatzpunkte von Che Guevara muß nicht nur im Lichte der tragischen Ereignisse der Jahre 1960 bis

5 Zu dieser Unterscheidung vgl. den ausgezeichneten Artikel von Ernest Mandel, „Pays semi-coloniaux et pays dominés semi-industriels", in *Quatrième Internationale* (Brüssel), 3. Folge, 42. Jg., Nr. 13, April 1984, S. 11-32; deutsch leicht gekürzt: „Brasilien, Südkorea, Singapur, Philippinen... an der Schwelle zum Juniorpartner? Zur Debatte über das Verhältnis von Imperialismus und halbindustrialisierten Ländern", in: *Inprekorr* (Frankfurt/M.), Nr. 167, März 1985, S. 17-24, 27f.

1975 erfolgen, sondern auch im Lichte der Siege (bzw. positiven Entwicklungen) der Jahre 1979 bis 1987. Dies wird es erlauben, die Grenzen und Irrtümer in Ches Konzeption des *foco* zu überwinden und zugleich seinen wesentlichen Beitrag zur Erneuerung der revolutionären Ideen in Lateinamerika herauszuschälen: den gleichzeitig antiimperialistischen und sozialistischen Charakter der Revolution, die Unausweichlichkeit des Zusammenstoßes des Volkes mit dem staatlichen Unterdrückungsapparat.

Paris, im Dezember 1986

Der theoretische Beitrag des Che

Über den Che wurden schon mehrere Biographien geschrieben, aber es gibt keine tiefgreifende Analyse seines Denkens. Es ist wahr, daß er ein ganz und gar ungewöhnliches Leben führte: vom Medizinstudenten in Buenos Aires zum Guerillakommandanten; vom Kämpfer in der Sierra Maestra* zum Präsidenten der kubanischen Nationalbank und schließlich vom Industrieminister zum gejagten und in Bolivien von den Söldnern der CIA ermordeten Guerillero. Es ist ein meteorenhaft aufleuchtendes beispielhaftes Leben eines Menschen, das Sartre „das vollkommenste seiner Zeit" genannt hat;[1] ein Mensch, den man wegen der erstaunlichen Vielseitigkeit seiner Persönlichkeit ohne weiteres mit den Riesen der Renaissance vergleichen darf. Arzt und Nationalökonom, Revolutionär und Bankier, Militärtheoretiker und Botschafter, tiefer politischer Denker und volkstümlicher Agitator, der die Feder ebenso meisterhaft handhaben konnte wie das Maschinengewehr. Der außergewöhnliche Charakter dieses Lebens ohne Vorbild in der Geschichte des 20. Jahrhunderts erklärt und erhellt das Aufkommen des „Mythos Che": romantischer Abenteurer, roter Robin Hood, Don Quichotte des Kommunismus, neuer Garibaldi, marxistischer Saint-Just, Cid Campeador der Verdammten dieser Erde,** Sir Galahad der Ärmsten,*** laizistischer

* *Sierra Maestra* — Gebirszug in der kubanischen Provinz Oriente an der karibischen Küste, nahezu 600 km südöstlich von Havanna. Hier begann die „Bewegung des 26. Juli" im Dezember 1956 den Guerillakrieg gegen die Batista-Diktatur. Die Sierra Maestra konnte ab September 1957 als „Territorio Libre de Cuba" (freies Territorium Kubas) gelten. Im August 1958 stieß das *Ejército Rebelde* (Rebellenheer) von den Bergen in die Ebene vor, um die Truppen des Regimes bis Jahresende immer weiter zurückzudrängen und zu besiegen.

** *El Cid* (von arabisch „sayyid" = Herr), eigentlich: Rodrigo Diaz de Vivar (1043-1099), genannt *el Campeador* (der Kämpe), spanischer Nationalheld. Diente dem König Alfons VI., trat 1081 auf die Seite des maurischen Fürsten von Zaragoza über und erwarb sich hohen Ruhm, u.a. bei der Verteidigung von Valencia, das 1094 unter seiner Führung erobert und gegen die (arabischen) Almoraviden verteidigt wurde. Sein Leben wurde bald von Volkssagen und Dichtung verklärt; er war der Held des ältesten spanischen Naitonalepos (1140), über ihn wurden zahlreiche Werke verfaßt (auch außerhalb von Spanien), darunter ein Drama von P. Corneille (1637), ein Romanzenzyklus von J.G. Herder (1805), eine Oper von J. Massenet (1885).

*** *Galahad*, Gralsritter, einer der wichtigsten Gralssucher neben Perceval (Parsifal) und Lancelot. In einem altfranzösischen Gralsroman Sohn von Lancelot und Elaine, der Tochter des Gralskönigs Pellès; in mittelenglischen Gralsdichtungen Sir Galahad, der, als sein Vater sich dieser Aufgabe unwürdig erweist, die Suche nach dem Gral

Christ, von den bolivianischen Bauern verehrter San Ernesto de la Higuera,* dämonischer Bolschewik mit dem Messer zwischen den Zähnen, der den Reichen im Schlaf erscheint, „roter Pyromane" (*Spiegel*),[2] der überall die Glut des Umsturzes entfacht, usw.

Aber hinter dieser mythischen und romanhaften Erscheinung — deren sich Guevara durchaus bewußt war und mit der er ironische Scherze trieb, indem er sich im letzten Brief an seine Eltern mit Don Quichotte verglich — verbirgt sich etwas Tieferes, das das Leben des Che erhellt und ihm seinen wirklichen Sinn verleiht: *die unbedingte, völlige und monolithische Übereinstimmung von Theorie und Praxis, von Wort und Tat.* Nur im Licht dieser Übereinstimmung kann man den überraschenden Entschluß verstehen, der so wenig zu dem üblichen Bild eines „Politikers" und „Staatsmannes" paßt, nämlich seinen Ministerposten in Kuba aufzugeben, um in den bolivianischen Untergrund zu gehen, um eine ganz bestimmte politische Aufgabe zu erfüllen: die Isolierung der kubanischen Revolution zu durchbrechen und Vietnam mit der Eröffnung einer zweiten Front zu Hilfe zu kommen.

Die Sensationspresse und das herrschende ideologische System können versuchen, den Mythos des heroischen Abenteurers in das System zu integrieren, aber sie können nicht den konsequenten revolutionären Kämpfer „schlucken", der seine Ideen in die Praxis umgesetzt hat. Der Heroismus des Che war nicht abstrakter Natur, sondern Heroismus *im Dienst einer Sache*, einer Idee, nämlich der sozialistischen Revolution, wie er sie verstanden hat: „(...) wenn wir an Che denken, denken wir nicht hauptsächlich an seine militärischen Tugenden. Nein! Der Krieg ist ein Mittel und kein Ziel, der Krieg ist ein Instrument der Revolutionäre. Wichtig ist die Revolution, die revolutionäre Sache, sind die revolutionären Idees, die revolutionären Ziele, die revolutionären Gefühle, die revolutionären Tugenden!" (Fidel Castro)[3] Die revolutionären Ideen des Che können daher auch nicht „integriert" oder in harmlose Konsumartikel verwandelt werden. Sie sind im Gegen-

übernimmt. (Gral: geheimnisvoller, irdisches und himmliches Glück bringender sakraler Gegenstand in mittelalterlichen Dichtungen.)

* *La Higuera*, das Dorf, in dessen Nähe Che Guevara am frühen Nachmittag des 8. Oktober 1967 gefangengenommen und in dessen Schulhaus er am folgenden Tag gegen 13 Uhr 30 wahrscheinlich von dem bolivianischen Sergeanten Mario Terán auf Befehl des Oberkommandos der Armee erschossen wurde. Die Einwohner des Dorfs sollen den Che „San Ernesto de La Higuera" getauft haben (vgl. H. Gambini, *El Che Guevara*, S. 510 f.)

teil ein kostbares Erbe, dessen Reichtum und Bedeutung von der rebellischen Jugend nicht nur in Lateinamerika, sondern auf allen Kontinenten verstanden worden sind. „Ches Schriften, Ches politische und revolutionäre Theorie (werden) für den revolutionären Prozeß in Kuba und den revolutionären Prozeß in Lateinamerika dauernden Wert besitzen (...). Und wir zweifeln nicht daran, daß seine Ideen, die Ideen eines Mannes der Tat, eines Mannes der Gedanken, eines Mannes von integrer Moralität, eines Mannes von tadellosem Verhalten, eines Mannes von unübertrefflicher Menschlichkeit, einen universellen Wert haben werden."[4] Ein theoretisches Erbe, das wie jenes von Marx, Engels, Lenin, Trotzki, Rosa Luxemburg und Gramsci nicht nur dazu beiträgt, die Welt zu *interpretieren*, sondern sie auch zu *verändern*.

Es war also dringend notwendig, die ersten Ansätze für eine systematische Untersuchung des Denken des Che zu liefern, eines gleichermaßen orthodoxen und absolut undogmatischen Denkens, verwurzelt im fruchtbaren Boden der kubanischen Revolution und Träger einer universellen Botschaft, zutiefst realistisch und angefacht von einem mächtigen prophetischen Hauch, voll aufmerksamer Sorgfalt gegenüber den technischen Problemen der Finanzverwaltung oder der militärischen Taktik und zugleich den philosophischen Fragen, die die Zukunft des Kommunismus betreffen, leidenschaftlich zugetan; ernst, beugsam, intolerant, unversöhnlich in Grundsatzfragen, geschmeidig, nuanciert, beweglich, wenn es darum geht, diese Prinzipien auf eine komplexe und sich verändernde Wirklichkeit anzuwenden.

Der Zweck unserer Arbeit besteht darin, zu zeigen, daß das Denken des Che ein *zusammenhängendes* Ganzes darstellt, das auf den grundsätzlichen Prämissen des Marxismus* aufgebaut ist und dessen philosophische und militärische Themen eng miteinander verflochten sind. Wir wollen auch das Verhältnis dieses Denkens zum Denken von Marx und zu den verschiedenen marxistischen Strömungen des 20. Jahrhunderts aufzeigen, wobei wir hervorheben wollen, in welchem Sinne es unseres Erachtens eine Überwindung des Stalinismus und des Reformismus und ein Zurück zu den lebendigen Quellen des revolutionären Kommunismus darstellt. Schließlich wollen wir versuchen nachzuweisen, wie dieses Denken einen *originellen theoretischen Beitrag* leistet und für den Marxismus vor allem in bezug auf drei wichtige Probleme eine

* In der Originalausgabe: Marxismus-Leninismus. Änderung des Autors.

Bereicherung ist:

1. die humane Bedeutung des Kommunismus;
2. die politische Ökonomie der Übergangsregime zum Sozialismus;
3. die politisch-militärische Strategie der Revolution in der Dritten Welt.[5]

I.

Die Philosophie des Che

1. Der Che und der Marxismus

a) Der Weg des Che zum Marxismus

> „Gut unterrichtete Quellen zogen die Schlußfolgerung, ‚Guevara sei einer der internationalen Agenten des Kommunismus, die im Untergrund arbeiten'".
>
> *(U.S. News and World Report.)*[6]

Der Mythos vom nach Kuba eingeschleusten kommunistischen Agenten Che, der seit dem Sieg der Guerilleros im Jahre 1959 von der amerikanischen Presse verbreitet wurde, war nichts anderes als die gehässige Karikatur einer bedeutsamen Tatsache: Der Che ist viel früher als die meisten Führer der kubanischen Revolution Marxist geworden.[7]

Man kann mehr oder weniger genau feststellen, wann und wo er den Marxismus „endeckt" hat: 1954 in Guatemala, zum einen unter dem Einfluß seiner Frau, Hilda Gadea, die zum linken Flügel der peruanischen APRA gehörte, und zum anderen unter dem Einfluß der „Allianz der demokratischen Jugend", einer mit der PGT (Guatemaltekische Arbeiterpartei) verbundenen Massenorganisation, der er sich angeschlossen hatte. In Hildas Bibliothek und in der Bibliothek der Allianz sollte er zum ersten Mal die Bekanntschaft mit den Schriften von Marx und Lenin machen.[8]

Nach dem Zeugnis des Kubaners Mario Dalmau, der ihn zu jener Zeit in Guatemala kennengelernt hatte, hatte der Che schon „eine ganze marxistische Bibliothek" gelesen und hatte er „ein sehr klares marxistisches Denken".[9] Jedenfalls war die Entdeckung des Marxismus für den Che nicht einfach eine intellektuelle und bibliographische Angelegenheit, sondern auch die Frucht einer sehr konkreten erlebten Erfahrung, denn auf seinen Reisen durch die Länder des Kontinents lernte er das Elend und die Unterdrückung der lateinamerikanischen Massen kennen.[10] Andererseits ist es wahrscheinlich, daß die marxistische-leninistische Formung seines Denkens sich durch jenes *Schlüsselerlebnis*, endgültig gefestigt hat, das bei einer ganzen Generation von Lateinamerikanern seine Spuren hinterlassen hat: die Invasion Guatemalas durch die Söldner von Castillo Armas im Jahre 1954. Carlos

Maria Gutiérrez hat geschrieben, Castillo Armas sei der „negative Lehrmeister“ des Che gewesen.[11] Tatsächlich hatte Che die Konterrevolution in Guatemala direkt und persönlich erlebt (und sogar — allerdings ohne Erfolg — versucht, bewaffnete Widerstandsgruppen gegen die Invasoren zu organisieren), und sie zeigte ihm in „didaktischer“ Weise die Rolle der großen Monopole (United Fruit Company), des amerikanischen Imperialismus (John Foster Dulles), der bürgerlichen Armee von Guatemala, des Pazifismus von Arbenz usw. Für die marxistische Radikalisierung des Che sowie für seinen Entschluß, sich nach dem Sturz von Arbenz dem bewaffneten Kampf zuzuwenden, gibt es weitere Beispiele unter den Intellektuellen und den politischen Kadern anderer lateinamerikanischer Länder, wo es ähnliche Ereignisse gegeben hat: Brasilien nach dem Sturz von Goulart, die Dominikanische Republik nach der amerikanischen Invasion von 1965 usw.

In Mexiko, wohin er nach dem Sieg der Konterrevolution in Guatemala ins Exil gegangen war, setzte Guevara sein Studium des Marxismus fort und vertiefte er seine Kenntnisse, was ihm durch seinen argentinischen Freund Arnoldo Ofila Reynal, Direktor des bedeutendsten Verlags in Mexiko (*Fondo de Cultura Económica*), ermöglicht wurde, indem er ihm die drei Bände des *Kapital* lieh. Nachdem er die im Exil lebenden Kubaner der Bewegung des 26. Juli getroffen hatte, hat der Che versucht, ihnen seine Kenntnisse zu vermitteln. Nach Aussage von Dario López, eines kubanischen Aktivisten, der ihn damals kennengelernt hat, hat Che die marxistische Literatur für die Bibliothek ausgesucht, die die Polizei im Ausbildungslager der 26. Juli in Mexiko gefunden hat, eine Bibliothek, die für politische Schulungskurse benutzt wurde.[12]

Im Unterschied zu den meisten kubanischen Führern ist der Che nicht durch die Erfahrung der Revolution zum Marxismus gekommen. Er versuchte im Gegenteil schon zu einem frühen Zeitpunkt, diese Revolution zu deuten, indem er auf marxistische Positionen Bezug nahm. Und weil er schon Marxist war, war er auch der erste, der die historisch-gesellschaftliche Bedeutung der kubanischen Revolution voll erfaßt hatte, indem er erklärte, diese Revolution habe „durch ihre eigenen Methoden den von Marx vorgezeichneten Weg entdeckt“.[13]

b) Der antidogmatische Marxismus des Che

Eine der wesentlichen Eigenschaften des Marxismus des Che ist sein absolut *antidogmatischer* Charakter. Für ihn war Marx der Begründer einer neuen Wissenschaft, die sich aufgrund der Veränderung der Wirklichkeit entwickeln *kann* und entwickeln *muß*. In diesem Sinne muß man meines Erachtens den — ein wenig überraschenden — Vergleich zwischen Marx und Newton verstehen, den er in seinen „Notizen zum Studium der Ideologie der kubanischen Revolution“ (1960) gezogen hat.[14] Marx war für den Che kein vom Heiligen Geist mit der Gabe der Unfehlbarkeit versehener Papst und seine Schriften waren für ihn nicht auf dem Berg Sinai allergnädigst verliehenen Gesetzestafeln.

Er betonte in demselben Text, daß Marx, obwohl er ein Riese im Denken war, Irrtümern unterlegen ist, die man kritisieren muß. So z.B. was Lateinamerika betrifft, seine Interpretation von Bolivar oder seine gemeinsam mit Engels verfaßte Analyse Mexikos, „wo er gewisse Theorien über die Rassen und Nationalitäten übernommen hat, die sich in unseren Tagen als unhaltbar erwiesen haben.“[15]

Guevara beklagt bei mehreren Gelegenheiten „die Scholastik (...), die die Entwicklung der marxistischen Philosophie bremste“ und das Studium der Periode nach der Errichtung des Sozialismus sogar systematisch verhindert hat. Gegen diese Scholastik (er meint damit offensichtlich den Stalinismus) und gegen jede Tendenz, den Marxismus in einem schönen System ewiger, unveränderlicher und unbeweglicher Wahrheiten erstarren zu lassen, das den Gläubigen als Gegenstand frommer Betrachtungen dargeboten wird, benutzte der Che das gleiche Argument, das Lenen gegen die verkalkte „Orthodoxie“ der II. Internationale gebrauchte: man darf nicht vergessen, daß der Marxismus letzten Endes eine *Anleitung zum Handeln* sein muß.[16]

Man findet also bei Guevara ein scharf ausgeprägtes Bewußtsein von der Notwendigkeit einer schöpferischen Entwicklung des Marxismus-Leninismus, besonders in bezug auf die von den Übergangsgesellschaften neu aufgeworfenen Fragen, für welche die Schriften von Marx und Lenin nur eine, wenn auch kostbare und notwendige, so unzureichende *Einführung* darstellen. Das bedeutet keineswegs, daß das Denken des Che nicht *orthodox* im authentischen Sinn des Wortes gewesen sei, d.h. ausgehend von den fundamentalen Prinzipien des revolutionären Marxismus und der dialektisch-materialistischen Methode.

Der Antidogmatismus, der das Denken des Che methodologisch charakterisiert, spiegelt sich in seinen ökonomischen und politischen Thesen wider und ermöglicht es, daß sie die von der stalinistischen Bürokratie „systematisch" aufgezwungenen Beschränkungen überschreiten.[17] Berücksichtigt man die unterschiedlichen Verhältnisse, so läßt sich sagen, daß der Che zumindest für Lateinamerika dieselbe Rolle der revolutionären Erneuerung in bezug auf den erstarrten „Marxismus" der offiziellen „Linken" gespielt hat wie Lenin in bezug auf die „marxistische" Sozialdemokratie der II. Internationale.

c) Der marxistische Humanismus

Für den Che schließt der authentische Marxismus den Humanismus nicht aus: Er schließt ihn als eines der unverzichtbaren Elemente seiner Vision von der Welt ein. Als Humanist unterstreicht der Che die Originalität und Bedeutung der kubanischen Revolution, die versucht hat, „ein marxistisches, sozialistisches, kohärentes oder annährend kohärentes System (zu errichten), in dessen Mittelpunkt der Mensch gestellt wurde, in dem man vom Individium, von der Persönlichkeit und von der Bedeutung spricht, die sie als wesentlicher Faktor der Revolution hat."[18]

Es ist bekannt, daß Fidel im Jahre 1959 die kubanische Revolution als eine *humanistische* Revolution definiert hat. Mit dem Übergang (dem *Hinüberwachsen)* der Revolution zum Sozialismus und der Hinwendung Fidels zum Marxismus-Leninismus (1960/61) ist dieser Humanismus nicht einfach aufgehoben, sondern von dem neuen marxistischen Humanismus der kubanischen Revolution negiert, bewahrt, auf eine höhere Stufe gehoben worden. In einer 1961 gehaltenen Rede betont Fidel ausdrücklich den humanistischen Einfluß im Denken von Marx und Lenin: „Wer hat gesagt, daß der Marxismus den Verzicht auf humane Gefühle bedeutet?(...) Es ist gerade die Liebe zum Menschen, zur Menschlichkeit, der Wunsch, gegen das Elend, das Unrecht, den Leidensweg und die vom Proletariat erlittene Ausbeutung zu kämpfen, der aus dem Geiste des Karl Marx den Marxismus entstehen lassen hat, genau zu jenem Zeitpunkt, als er entstehen, als reale Möglichkeit und noch mehr als eine reale Möglichkeit: als historische Notwendigkeit der sozialen Revolution erscheinen konnte, deren Interpret Karl Marx gewesen ist. Aber was hat es ermöglicht, daß er deren Interpret geworden ist, wenn nicht der Strom menschlichen Empfindens von Männern wie er selber, wie Engels, wie Lenin?"[19] Für den Che ist dieser Teil von Fidels Rede absolut wesentlich, und er rät jedem Miglied der kubanischen Partei, sie sich „als wirksamste Waffe gegen alle Abweichungen ins Gedächnis einzugraben".[20]

Etwa 1963/64 entdeckte der Che das Werk des jungen Marx. Es ist vermutlich die große Wirtschaftsdebatte, die damals in Kuba begann, was ihn veranlaßte, sich der Lektüre der *ökonomisch-philosophischen Manuskripte aus dem Jahre 1844* zuzuwenden. Obgleich er die theoretischen Grenzen des jungen Marx — in dessen Sprache sich „das Gewicht der philosophischen Ideen, die zu seiner Entwicklung beigetragen haben, (...) stark bemerkbar machte" und dessen ökonomische Vorstellungen „noch weniger präzise" waren, noch nicht die wissenschaftliche Strenge des *Kapital* erreicht hatten — betonte der Che das Interesse an diesen Schriften, die sich mit dem Problem der *Befreiung des Menschen* als sozialem Wesen befassen, d.h. mit dem Kommunismus als Lösung der Widersprüche, die seine Entfremdung hervorbringen.[21]

Und *Das Kapital*? Steht es nicht im Gegensatz zu den Schriften des jungen Marx? Ist es nicht „rein wissenschaftlich" bzw. „antihumanistisch"? Diese zur Zeit der II. Internationale weitverbreitete Betrachtungsweise des *Kapital*, die heute in neuer Form wieder auftaucht, ignoriert, daß die Verurteilung der Unmenschlichkeit des Kapitalismus und die Möglichkeit seiner Überwindung durch eine Gesellschaft, in der die *Menschen* die Dinge vernunftmäßig kontrollieren, eines der Hauptthemen des Hauptwerkes von Marx ist, ein Thema, das seinem wissenschaftlichen Charakter nicht widerspricht, sondern im Gegenteil dialektisch damit verbunden ist. Che Guevara hat die humanistische Dimension des *Kapital* voll erfaßt, ebenso die Gründe, warum diese Dimension dem unkundigen Leser nicht immer „sichtbar" ist: „Das Gewicht diese Denkmals menschlicher Intelligenz ist derart, daß es uns oft den humanistischen Charakter im besten Sinn des Wortes seines Engagements hat vergessen lassen. Die Mechanik der Produktionsverhältnisse und ihre Folgen, der Klassenkampf, verbergen bis zu einem gewissen Maß die objektive Tatsache, daß es Menschen sind, die sich auf der Bühne der Geschichte bewegen."[22]

„Humanistisch im besten Sinn des Wortes" — durch dieses Attribut macht der Che deutlich, daß es unerläßlich ist, zwischen dem Humanismus von Marx und den Humanismen „im schlechten Sinn des Wortes" zu unterscheiden: dem bürgerlichen, dem traditionell-christlichen, dem philantropischen Humanismus usw. Er ist gegen jeden abstrakten Humanismus, der von sich behauptet, „über den Klassen" zu stehen (und der letzten Endes ein bürgerlicher ist); der Humanismus des Che ist wie der von Marx ausdrücklich in einer Perspektive der proletarischen Klasse *engagiert*; er wendet sich daher radikal gegen den „schlechten Humanismus", indem er diese grundsätzliche Prämisse setzt: Die Befreiung des Menschen und die Verwirklichung seiner Möglichkeiten können sich nur durch die *proletarische Revolution* vollziehen, welche die Ausbeutung des Menschen durch den Menschen beseitigt und die vernunftmäßige Herrschaft der Menschen über ihren gesellschaftlichen Lebensprozeß herbeiführt. Es ist möglich und sogar wahrscheinlich, daß der Che in seinem Verständnis des Humanismus von dem Werk des argentinischen Denkers Anibal Ponce (1898-1938) beeinflußt wurde, eines Pioniers des Marxismus in Lateinamerika, dessen Buch „Bürgerlicher und proletarischer Humanismus" (1935) 1962 auf Kuba wieder aufgelegt worden ist. Ponce zeigt den fundamentalen Gegensatz zwischen dem Humanismus der Bourgeoisie und dem der Arbeiter, und er betont, „der neue Mensch", der „totale Mensch", der Theorie und Praxis, Kultur und Arbeit vereinigt, könne durch die Übernahme der Macht durch das Proletariat verwirklicht werden.[23] Der marxistische Humanismus des Che ist also vor allem ein *revolutionärer Humanismus,* der in seiner Konzeption der Rolle des Menschen in der Revolution, in seiner kommunistischen Ethik und in seiner Vision vom neuen Menschen seinen Ausdruck findet.

2. Die Revolution wird von Menschen gemacht

Für den Che war der Marxismus vor allem *die Philosophie der Praxis,* die Theorie der revolutionären Aktion. Nach seiner Auffassung verkörpert Marx eine *qualitative* Wende in der Geschichte der gesellschaftlichen Ideen und zwar nicht nur, weil er eine wissenschaftliche Deutung der Geschichte liefert, sondern auch und vor allem, weil er einen zutiefst revolutionären Gedanken geboren hat: *es genügt nicht, die Welt zu interpretieren, man muß sie verändern.*[24]

Es ist bekannt, daß die Problematik der revolutionären Initiative für den ökonomistischen Marxismus der II. Internationale immer mehr hinter die Vorstellung der „ehernen Gesetze, die die unvermeidliche Veränderung der Welt bestimmen," zurücktraten. Kautsky hat diese Vision der Geschichte in dem folgenden bemerkenswerten Satz zusmmengefaßt: „Die Sozialdemokratie ist eine revolutionäre, nicht aber eine Revolutionen machende Partei. Wir wissen, daß unsere Ziele nur durch eine Revolution erreicht werden können, wir wissen aber auch, daß es ebensowenig in unserer Macht steht, diese Revolution zu machen, als in der unserer Gegner, sie zu verhindern. Es fällt uns daher auch gar nicht ein, eine Revolution anstiften oder vorbereiten zu wollen."[25] Dagegen hat Lenin schon in seinen ersten Polemiken gegen die russischen „Ökonomisten" im Jahre 1902 und gegen Plechanow während der Revolution von 1905 die Bedeutung der geschichtlichen Initiative der Vorhut und der Volksmassen im Verlauf der Revolution betont.

In Lateinamerika stellt das Denken des Che angesichts des Menschewismus der meisten traditionellen kommunistischen Parteien ohne Zweifel eine Rückkehr zu den lebendigen Quellen des Leninismus dar. Lenin, so schreibt der Che, lehrt uns, „daß der Schritt von einer Gesellschaftsformation zur anderen nicht schematisch erfolgt," sondern daß die Bedingungen mit Hilfe einiger Katalysatoren beschleunigt werden können. Der revolutionäre Leninismus bedeutete 1917 und bedeutet jetzt in Lateinamerika: „Wenn es (...) eine Vorhut des Proletariats gibt, die fähig ist, die Forderungen des Proletariats aufzunehmen, und darüber hinaus über klare Vorstellungen verfügt, wohin es gehen soll, die auch danach trachtet, die Macht zu erringen, um danach die neue Gesellschaft aufzubauen, dann könnte man voranschreiten und Etappen überspringen."[26]

Das zeigt, daß der historische Materialismus, wie der Che ihn versteht, die Geschichte „nicht mechanisch durch eine Anhäufung ökonomischer Kräfte bedingt" auffaßt. Eine revolutionäre Umwälzung schließt vom politischen und historische Standpunkt aus immer „die Überflutung einer gesellschaftlichen Klasse durch eine andere" ein. Mit anderen Worten: man darf die „wirtschaftliche Analyse nie von der historische Tatsache des Klassenkampfes" lösen, was auch bedeutet, daß man niemals von dem „Menschen, dem lebendigem Ausdruck des Klassenkampfes," abstrahieren darf.[27]

Gegen den „neo-kautskyanischen“ Attentismus gewisser traditioneller Parteien der Linken, die sich unter dem Vorwand der „Unreife der Bedingungen“ zu handeln weigerten, betont der Che, daß die marxistischen Parteien „nicht die Hände in den Schoß legen dürfen“, bis alle objektiven und subjektiven Bedingungen gegeben sind, „bis die Macht wie eine reife Frucht in die Hände des Volkes fällt.“ Ausgehend von den Erfahrungen der kubanischen Guerilla, die eben durch ihre Aktionen eine der subjektiven Bedingungen der Revolution *geschaffen* hatten — nämlich die Überzeugung, daß eine Veränderung möglich ist — formuliert er das allgemeine Prinzip jeder Theorie der revolutionären Praxis: Die Rolle der Vorhutparteien besteht darin, ihren Beitrag zu leisten, damit die für die Machtergreifung notwendigen Bedingungen geschaffen werden, „und sich nicht wieder in Zuschauer des revolutionären Elans zu verwandeln, der langsam im Volk wächst.“[28] Aufgrund dieser Prämissen muß man die castroguevaristische Theorie des Guerilla-Kerns als Katalysator begreifen. Wir werden darauf noch zurückkommen.

Das bedeutet durchaus nicht, daß der Che einer rein voluntaristischen Auffassung von der Revolution zuneigt. Er verkennt durchaus nicht, daß es die inneren Widersprüche einer sozio-ökonomischen Formation sind, welche die notwendigen objektiven Bedingungen für das Entstehen einer revolutionären Situation hervorbringen. Aber er weiß auch, daß die Revolution ohne die *bewußte Aktion* der Vorhut und als deren Folge die bewußte Aktion der Volksmassen nicht ans Ziel kommt. Bei der Analyse des Übergangs zum Sozialismus in Kuba hat der Che festgestellt, daß die Vorhut „den Lauf der Ereignisse“ forciert habe, aber er erkennt auch an, daß dies „im Rahmen des objektiven Möglichen“ geschah.[29] Diese Konzeption, die sowohl den ökonomischen Fatalismus, der von dem metaphysischen Materialismus des 18. Jahrhunderts („die Umstände formen den Menschen“) beeinflußt ist, als auch den idealistisch-voluntaristischen Subjektivismus überwindet, ist genau die Konzeption von Marx im *18. Brumaire*, wo er schreibt, daß die Menschen ihre eigene Geschichte machen, aber nicht aus freien Stücken, sondern unter gegebenen Umständen.[30] In diesem Sinne muß man die berühmte Losung des Che interpretieren: „Die Pflicht eines Revolutionäres ist es, die Revolution zu machen.“ Sie ist durchaus keine Tautologie (es genügt, diese Worte mit dem zuvor zitierten Ausspruch von Kautsky zu vergleichen), sondern ein Beweis für das adäquate Verständnis des folgenden wichtigen Prinzips des historischen Materialismus: die Menschengeschichte unterscheidet sich von der Naturgeschichte dadurch, daß wir die eine gemacht und die andere nicht gemacht haben.[31] Oder, wie Guevara geschrieben hat, die Mechanik der Produktionsverhältnisse darf nicht die objektive Tatsache verbergen, „daß es Menschen sind, die sich auf der Bühne der Geschichte bewegen."[32]

Wenn die Menschen ihre Geschichte seit eh und je selbst machen, so machen sie diese erst mit der sozialistischen Revolution in *bewußter Weise.* Die historische Besonderheit der proletarischen Revolution — nicht als einmaliger Akt, sondern als permanenter Prozeß, der sich vom Kampf um die Macht bis zur Errichtung des kommunistischen Gesellschaft erstreckt — besteht darin, daß es sich zum ersten Mal um ein bewußtes Tun handelt. „Seit der Oktoberrevolution von 1917 (...) hat der Mensch ein neues Bewußtsein erworben. Die Menschen der französischen Revolution, die der Menschheit soviel Gutes gebracht hat (...) waren trotz allem nur einfache Werkzeuge der Geschichte. (...) sie waren noch nicht in der Lage, die Geschichte zu bestimmen, ihre eigene Geschichte bewußt zu gestalten. Erst im Gefolge der Oktoberrevolution wurde das erreicht".[33]

Das heißt, im Gegenteil zu den großen gesellschaftlichen Umwälzungen der Vergangeneheit ist „der Kommunismus (...) ein Ziel der Menschheit, das man bewußt erreicht."[34] Dieser Gedanke ist einer der wertvollsten und bedeutendsten Beiträge, den der Che zur Entwicklung des marxistischen Humanismus geleistet hat. Als Ausgangspunkt nimmt er einen Satz von Marx aus den *ökonomisch-philosophischen Manuskripten aus dem Jahre 1844:* Der Kommunismus „ist das aufgelöste Rätsel der Geschichte, und er weiß sich als diese Lösung."[35] Ein übrigens ziemlich zweideutiger Satz, den der Che aber im Sinne seiner eigenen Konzeption vom Kommunismus interpretiert: Marx „hatte die Befreiung des Menschen im Sinn und sah im Kommunismus die Lösung der Widersprüche, die seine Entfremdung hervorgerufen haben, aber als bewußten Akt. (...) der Mensch ist der bewußte Akteur der Geschichte. Ohne dieses *Bewußtsein,* das das Bewußtsein seines gesellschaftlichen Wesens einschließt, kann es keine Kommunismus geben."[36]

Der konkrete politisch-ökonomische Ausdruck dieses Prinzips in einer Übergangsgesellschaft ist der *Plan,* das Instrument, mit dem der bewußte Mensch die wirtschaftliche und soziale Entwicklung zum Kommunismus lenkt. Das wirtschaftliche Denken des Che befindet sich in genauer Übereinstimmung mit seiner allgemeinen Theorie der Genesis des Kommunismus. Wir werden darauf noch zurückkommen. (Es ist auch ein Thema, das man in dem bereits erwähnten Buch von Anibal Ponce findet, das der Che wahrscheinlich um 1962/63 gelesen hat. „Der Mensch als der bewußte Faktor der Evolution; der Mensch, der Natur und Gesellschaft nach einem minutiös ausgearbeiteten Plan umwandelt; die Mensch, der aufgehört hat, ein unterjochter oder verzweifelter Sklave zu sein, um voll und ganz Herr seiner Kräfte zu werden: Das ist der Sowjetmensch, der dem unerreichbar Scheinenden seinen Willen aufzwingt.(...) Indem es die Produktionsmittel sozialisiert und für immer die Hindernisse wegräumt, die der freien Entfaltung der gesellschaftlichen Kräfte im Wege standen, beginnt das Proletariat zum ersten Mal in der Welt, die Geschichte des Menschen im vollen Bewußtsein dessen zu entwerfen, was er will und was er tut.")[37]

Es handelt sich selbstredend nicht um die bewußte Tat eines Führers oder bloß eine Avantgarde: Die künftige kommunistische Gesellschaft ist kein Weihnachtsgeschenk eines allwissenden und vorausschauenden Vaters der Völker oder das Werk einer Elite von weisen und tugendhaften Bürgern. Das Volk muß selbst wirklich „der Gestalter und Leiter seiner Geschichte werden, der das Glück mit seinen eigenen Händen schafft."[38] Das politische Denken des Che bewegt sich wie das von Marx und Lenin um die grundsätzliche Achse jeder wahrhaft revolutionären Theorie: *daß die Emanzipation der Arbeiterklasse durch die Arbeiterklasse selbst erobert werden muß.* Deshalb weist der Che (bei aller Anerkennung der Unzulänglichkeit der revolutionären Institutionen in Kuba) mit Nachdruck auf die vorrangige Bedeutung der Tatsache hin, daß in Kuba „die Geschichte heute von den Massen als einer bewußten Gesamtheit von Individuen, die für die gleiche Sache kämpfen, gemacht" wird; daß das kubanische Volk aus Individuen besteht, „die ein Bewußtsein erreicht haben von dem, was getan werden muß; Menschen, die kämpfen, um dem Reich der Notwendigkeit zu entkommen und das der Freiheit zu erreichen."[39] So dachte auch Lenin, der im April 1918 schrieb: „Eine solche Revolution kann nur bei selbständigem historischem Schöpfertum der Mehrheit der Bevölkerung, vor allem die Mehrheit der Werktätigen, erfolgreich verwirklicht werden. Nur wenn das

Proletariat und die arme Bauernschaft genügend Überzeugungskraft, Selbstaufopferung und Beharrlichkeit aufbringen, wird der Sieg der sozialistischen Revolution gesichert sein."[40]

3. Der neue Mensch

Es war der Traum aller großen Revolutionäre von Rousseau bis Lenin, nicht nur „die Welt" sondern auch „den Menschen" zu verändern: Für sie war die Revolution nicht einfach eine Veränderung der gesellschaftlichen Strukturen, der Institutionen, der Herrschaftsordnung, sondern zugleich eine tiefgehende, radikale und *umwälzende* Veränderung der *Menschen*, ihres Bewußtseins, ihrer Sitten, Wertvorstellungen und Gewohnheiten, ihrer gesellschaftlichen Beziehungen. Eine Revolution verdient diesen Namen nur, wenn sie imstande ist, diesen „neuen Menschen" hervorzubringen. Für Rousseau geht es darum, den *wahren Bürger* (vrai citoyen) zu schaffen, bei dem der vernünftige allgemeine Wille den beschränkten Partikularismus der egoistischen Leidenschaften beherrscht. (Rousseaus Denken kann selbstverständlich von seinem gesellschaftlichen Inhalt und seinen historischen Voraussetzungen her gewisse Grenzen nicht überschreiten, insbesondere hinsichtlich der konkreten gesellschaftlichen Bedingungen, die es den Menschen ermöglichen sollten, „citoyens" zu werden.) In den *ökonomisch-philosophischen Manuskripten aus dem Jahre 1844* spricht Marx mit Bewunderung von den kommunistischen Arbeitern, den Trägern der Zukunft, bei denen „die Brüderlichkeit der Menschen (...) keine Phrase" ist und für die die Gesellschaft bereits zum Zweck an sich geworden ist.[41] Das ist genau die bestimmte Negation des „bourgeois", wie er in *Zur Judenfrage* (1844) beschrieben ist: eine isolierte Monade, ein egoistisches Atom, das einzig und allein von seinen erbärmlichen privaten Interessen bewegt wird. Und schließlich wird, so Lenin, der Kommunismus eine *neue Generation* von Menschen hervorbringen, welche die Regeln des gesellschaftlichen Zusammenlebens einhalten, ohne daß es der Gewaltanwendung, der Unterordnung oder des Zwanges bedarf.[42]

Das Denken des Che fügt sich in diese intellektuelle Nachkommenschaft ein. Auch für ihn war es die erste und die letzte Aufgabe der Revolution, einen neuen Menschen zu schaffen, einen *kommunistischen* Menschen, als dialektische Negation des Individuums der kapitalistischen Gesellschaft, das in eine entfremdete Ware Mensch verwandelt ist oder dank der imperialistischen Maschinerie ein fleischfressendes Tier, ein „Wolfsmensch in einer Wolfsgesellschaft", werden kann.[43] Da die bürgerliche Gesellschaft letzten Endes auf dem Gesetz des Dschungels beruht, gelangt man „nur über das Scheitern der anderen zum Erfolg"; sie ist eine Gesellschaft, in der objektiv, notwendigerweise, unvermeidlich „der Mensch Feind des Menschen" ist, ungeachtet seines „guten Willens", sei er christlicher oder sonstiger Art.[44]

Die radikale Veränderung der Gesellschaft erfordert zugleich eine tiefgehende Veränderung der geistigen Strukturen der Individuen. Wie kann man nach dem Sturz der Bourgeoisie und der Veränderung der wirtschaftlichen Struktur die Wurzeln der alten Gesellschaft ausreißen, die im individuellen Bewußtsein fortleben? Durch direkte und indirekte Erziehung, durch Hebung des kulturellen Niveaus, durch Propaganda, durch ideologischen Arbeit: „Die Gesellschaft muß sich in ihrer Gesamtheit in eine riesige Schule verwandeln." Aber diese Erziehung ist keine rein passive Lehrzeit und darf auch keine solche sein, sie muß auch und vor allem eine *Selbsterziehung* sein. Auf dem Weg zum Kommunismus muß das Volk sich selbst erziehen.[45] Die Beseitigung der moralischen und ideologischen Nachwirkungen der bürgerlichen Gesellschaft ist kein automatisches und direktes Ergebnis der sozioökonomischen Veänderungen. Diese Veränderungen sind eine notwendige, aber keine hinreichende Bedingung. Es bedarf einer *bewußten* und *besonderen* Intervention im Bereich des Überbaus. Die Beseitigung der moralischen und ideologischen Nachwirkungen ist hingegen ernsthaft bedroht, wenn die wirtschaftlichen Methoden des Aufbaus des Sozialismus den Stempel der alten Gesellschaft tragen: Auch der Produktionsprozeß muß zur politischen Erziehung der Massen und zum Entstehen des neuen Menschen beitragen.

Was sind die charakteristischen Züge dieses neuen Menschen, des kommunistischen Menschen oder des „Menschen des 21. Jahrhunderts"?[46] Unter Zurückweisung der Utopien beschränkt sich der Che auf einige allgemeine, notwendigerweise abstrakte Hypothesen, die aber auf der kubanischen Wirklichkeit beruhen, wo man schon die ersten Vorzeichen dieser Zukunft findet: die Revolutionäre, die Guerilleros, die sich darum stritten, die gefährlichsten Aufgaben zu erhalten ohne eine andere Genugtuung als die der erfüllten Pflicht („In dieser Haltung unserer Kämpfer deutete sich bereits der Mensch der Zukunft an");[47] die Volksmassen durch ihren Mut und ihre Opfer in kritischen Momenten der Revolution: bei der Invasion in der Schweinebucht (Playa Girón), der Raketenkrise im Oktober 1962; die kommunistische Jugend als lebendiges Beispiel revolutionärer Begeisterung und internationalistischer Gesinnung.[48] Der kommunistische Mensch muß notwendigerweise ein Mensch sein, der sich „durch viel größeren inneren Reichtum und viel größere Verantwortung" erfüllter fühlt, der den anderen Menschen wirklich solidarisch und in konkreter, universeller Brüderlichkeit verbunden ist; ein Mensch, der sich in seinem Werk wiederfindet, und der „zum vollen Bewußtsein seines gesellschaftlichen Seins gelangen (wird) was seiner vollständigen Verwirklichung als menschliches Wesen entspricht, wenn erst einmal die Ketten der Entfremdung zerbrochen sind".[49] Ein Mensch, dessen Bedingungen zur Entfaltung seiner Möglichkeiten Marx in den „Thesen über Feuerbach" die „gesellschaftliche Menschheit" genannt hat,[50] d.h. die Überwindung der Spaltung, wie die bürgerlichen Gesellschaft sie herstellt, zwischen dem „Privaten" und der „Öffentlichkeit", zwischen dem „Einzelinteresse" und dem „allgemeinen" Interesse, zwischen dem „Menschen" und dem „Bürger", zwischen Individuum und Gemeinschaft.

Gehört die Problematik des kommunistischen Menschen, wie Guevara ihn versteht, in das ideologische Universum des romantischen Utopismus? Wir glauben das nicht. Utopismus besteht nicht darin, sich die Möglichkeiten eines „neuen Menschen" vorzustellen, sondern an eine ewige und unveränderliche „menschliche Natur" zu glauben. Der Kommunismus ist für den Che „keine Utopie, die durch die Güte des Menschen als solche begründet" würde,[51] sondern eine objektive Möglichkeit, die für ihn seit dem Beginn der konkreten Erfahrung der kubanischen Revolution in ihren Umrissen sichtbar wird.

Das Thema des neuen Menschen als letztem Ziel und Zweck, als Polarstern der sozialistischen Revolution ist der Prüfstein, die zentrale Leitidee des revolutionärem Humanismus des Che, *in dessen Licht es sein gesamtes politisches Denken zu verstehen gilt.*[52]

4. Die humanistischen Werte

Das Problem des theoretischen Status der im Marxismus enthaltenen moralischen Werte war schon immer Gegenstand einer philosophischen Debatte mit politischen Implikationen. Die klassische Position zu dieser Frage war die, wie sie von Strömungen innerhalb der deutschen Sozialdemokratie vor 1914 vertreten wurde: auf der einen Seite der idealistische, abstrakte, ewigkeitliche, „über den Klassen" stehende Moralismus neokantianischer Abstammung (Bernstein), auf der anderen Seite der szientistische „Antimoralismus" (Kautsky) als Nachhall des Positivismus. Ein neueres Beispiel dieser letztgenannten Position findet sich in den polemischen Schriften von Charles Bettelheim gegen den Che. Er verneint die humanistische und moralische Problematik als unmarxistisch (vor allem den Begriff der Entfremdung) und stützt sich hierfür auf einen Text des alten Engels, wo dieser an seinen Schüler Lafargue schreibt: „Wenn (...) von einem Mann der Wissenschaft (...) die Rede ist, so darf man keine Ideale haben, man erarbeitet wissenschaftliche Ergebnisse, und wenn man ein Mann der Partei ist, so kämpft man dafür, sie in die Praxis umzusetzen. Wenn man aber ein Ideal hat, kann man kein Mann der Wissenschaft sein, denn man hat eine vorgefaßte Meinung."[53] Diese Passage — die uns für das Denken von Marx nicht repräsentativ zu sein erscheint — enthüllt jedoch eine ganz und gar naturwissenschaftliche und positivistischen Sicht, die das Problem nicht lösen kann: Es ist offenkundig, daß ein „Mann der Partei" nicht dafür kämpft, „wissenschaftliche Ergebnisse in die Praxis umzusetzen", wenn er diese Ergebnisse nicht als ein *Ideal* betrachtet. Andererseits ist die Problematik der *Entfremdung* den reiferen Werken von Marx durchaus nicht fremd. Im *Kapital* schreibt er z.B.: „Das Kapital zeigt sich immer mehr (...) als entfremdete, verselbstständigte gesellschaftliche Macht, die als Sache, und als Macht des Kapitalisten durch diese Sache, der Gesellschaft gegenübertritt."[54] Der Begriff, der in den *Manuskripten aus dem Jahre 1844* einen abstrakt „anthropologischen" Charakter hat, wird in den *Grundrissen* und im *Kapital* mehr geschichtsbezogen und konkreter.[55] Die dialektische Aufhebung dieses Widerspruchs findet sich bei Rosa Luxemburg, die einerseits anerkennt, daß der Marxismus eine humanistische Moral enthält, andererseits aber unterstreicht, daß (solange der Kommunismus nicht erreicht ist) jede Moral und jeder Humanismus notwendigerweise einen *Klassencharakter* hat. Es ist wahrscheinlich, wenn nicht gar sicher, daß der Che die Polemiken der deutschen Vorkriegs-Sozialdemokratie und die Werke von Rosa Luxemburg nicht kannte. Andererseits ist es möglich, daß er die Schriften von José Carlos Mariátegui, dem Begründer der Kommunistischen Partei Perus und „Großmeister" des lateinamerikanischen Marxismus, gelesen hat, dessen Werke gerade zu jener Zeit „wiederentdeckt" und in Kuba neu aufgelegt worden sind. In einem Kapitel seines Buches *Defensa del marxismo* (Verteidigung des Marxismus) mit der Überschrift „Ethik und Sozialismus" (das übrigens in der ersten Nummer der [französischen Ausgabe der] Zeitschrift *Tricontinental* veröffentlicht worden ist) verwirft Mariátegui die These von der anti-ethischen Natur des Marxismus und weist er darauf hin, daß eine wirklich proletarische Moral sich „nicht automatisch aus den ökonomischen Interessen ergibt: Sie bildet sich im mit heroischem Geist und leidenschaftlichem Willen geführten Klassenkampf."[56] Es gilt den revolutionären Humanismus des Che im Lichte dieser Konzeption zu verstehen.

Was sind die ethischen Werte, auf die der Che sich ausdrücklich beruft und von denen er sich in seinem revolutionären Kampf und bei seinem Ideal des neuen Menschen leiten läßt?

Der höchste Wert jedes Humanismus kann nur die *Menschheit* selbst sein: „das menschliche Leben (hat) nur insofern und bis zu dem Augenblick einen Sinn, als es jenem Unendlichen dient, das für uns die Menschheit ist."[57] Diese Worte, die im Jahre 1927 von einem bolschewistischen Führer geschrieben wurden (im Abschiedsbrief von Adolf Joffe an Leo Trotzki) bezeichnen genau den ethischen Horizont des marxistischen Revolutionärs, für den die Menschheit der universelle Wert, die konkrete Totalität ist, die das Individuum und die Nation als partielle Momente einschließt und über sie hinausweist, und der sich letzten Endes mit dem Weltproletariat identifiziert.

In diesem Sinne spricht der Che von der Liebe zu den Völkern, von der Liebe zur lebendigen Menschheit, von „großen Gefühlen der Liebe", ohne die „man sich einen echten Revolutionär" nicht vorstellen kann und deren Wesen in jener Forderung seinen strahlenden Ausdruck findet, die er vor den jungen Kommunisten formulierte: „*stets die großen Probleme der Menschheit auch als eigene zu sehen.*"[58] Diese Erfahrung kommt nicht von einer abstrakten und vagen „Philantrophie", sondern findet ihren konkreten und politischen Ausdruck in der internationalen Solidarität der Völker, im *proletarischen Internationalismus,* der, seit es Klassen gibt, die einzig wirkliche Gestalt der „Liebe zur lebendigen Menschkeit" ist. („Wir wollen hinzufügen, daß diese „Liebe" nicht die des traditionellen Christentums ist, weil sie sehr wohl von ihrem Gegenteil, vom Haß, vom unversöhnlichen Haß gegen den Feind begleitet sein kann: „ein Volk ohne Haß kann nicht über einen brutalen Feind siegen.")[59]

Die Menschheit als Wert schließt notwendigerweise die Wertschätzung des *menschlichen Lebens* ein. In der Tat hat der Che, der Theoretiker des revolutionären Krieges, der befreienden Gewalt und des bewaffneten Kmapfes, der den „unbarmherzige(n) Tod des Unterdrückers" verkündet, der es für notwendig hält, daß der Revolutionär „eine wirksame, gewalttätige, auswählende und kalte Tötungsmaschine" werden muß,[60] hat eben dieser Kommandant Guevara immer eine tiefe und echte Hochachtung für das menschliche Leben bewiesen. Weil er das Leben als einen Wert betrachtet, kritisiert er den blinden Terrorismus, der unschuldige Opfer fordert; verlangt er, daß die Guerilleros die wehrlosen Besiegten mit Nachsicht behandeln; ist er für Milde gegenüber gefangenen feindlichen Soldaten und verlangt er kategorisch, der Guerillero müsse „zu den Verwundeten nachsichtig (...) sein und ihnen, soweit es in ihren Kräften steht, medizinische Hilfe (...) gewähren."[61]

Nach der Verhaftung und Ermordung des Che in Bolivien besaß eine amerikanische Zeitschrift die Gemeinheit zu schreiben, der Che, „der immer gepredigt hatte, es sollten keine Gefangenen gemacht werden", keinen Anlaß habe, sich zu beklagen.[62] Dies ist eine schamlose Lüge. In *Der Partisanenkrieg* schrieb der Che hierüber folgendes: „Nachsichtig kann man, wenn es die Bedingungen erlauben, nur gegen Soldaten des Gegners sein, die in dem guten Glauben waren, nur ihre militärische Pflicht erfüllt zu haben. Wenn man über keine genügend große Basis verfügt und das Operationsgebiet nicht absolut sicher ist, empfiehlt es sich nicht, Gefangene zu machen. In diesem Fall werden die am Leben gebliebenen feindlichen Soldaten wieder freigelassen. Verwundeten gegenüber muß man sich fürsorglich verhalten und alle zur Verfügung stehenden Mittel zu ihrer Heilung einsetzen."[63] Mehrere Stellen in den *Aufzeichnungen aus dem revolutionären Krieg* sowie Zeugnise von Kampfgefährten belegen, daß seine Haltung genau mit dieser Norm revolutionärer Ethik übereinstimmte.[64]

Das Leben zutiefst achten und bereit sein, zu den Waffen zu greifen und, wenn es sein muß, zu töten, ist nur nach der Auffassung des christlichen oder pazifistischen Humanismus ein Widerspruch. Für den revolutionären Humanismus, für den Che ist der Krieg des Volkes die notwendige, die einzig mögliche Antwort der

Ausgebeuteten und Unterdrückten auf die Verbrechen und die institutionalisierte Gewalt der Unterdrücker: „Sie treiben uns zu diesem Kampf; es bleibt kein anderes Mittel, als ihn vorzubereiten.“[65]

Andererseits kann die wirkliche Achtung vor dem menschlichen Leben sich nicht allein auf das physische Überleben beschränken. Es gilt ebenso, wenn nicht sogar mehr als das körperliche das geistige Leben zu achten: die *Würde* des Menschen. Dieser Begriff, der bei dem Che, bei Fidel und bei den kubanischen Revolutionären immer wieder auftaucht, enthält eine vielfältige Bedeutung, aber er meint vor allem die *Gerechtigkeit*. Es gibt einen Satz von José Marti, den der Che sehr liebte und den er in seinen Reden oft zitierte und in welchem er so etwas wie das „Banner der Menschenwürde“ sah: „Jeder wahrhafte Mensch muß auf seiner Wange den Schlag spüren, der irgendeiner Wange eines Menschen versetzt wird.“[66]

Das Thema der Würde hat ohne Zweifel in der lateinamerikanischen Kultur tiefe Wurzeln. („In Lateinamerika findet die *dignidad* [Würde] in der Wirklichkeit eines allzu elenden Lebens nirgendwo ihren Sinn, und daher ist dieses Wort so sehr von Hoffnung beladen, daß es Volksaufstände auslöst und das Signal zur Revolution gibt.“)[67] Dieser Satz von Marti läßt sogleich an *Don Quichotte* denken, jenes Werk, das der Che in der Sierra Maestra in den „Literaturkursen“, die er für die bäuerlichen Rekruten der Guerilla gab, gelesen hat und jenen Helden, mit dem er sich in seinem letzten Brief an seine Eltern in ironischer Weise identifizierte. Es ist übrigens bekannt, daß der *Don Quichotte* das erste Buch war, das die kubanischen Revolutionäre nach der Übernahme der Macht im Jahre 1959 vom Nationalen Institut des Buchs in „Massenauflage“ drucken ließen.) Es wäre jedoch falsch zu sagen, daß dieses Thema dem Marxismus fremd sei. Hat doch Marx selber geschrieben: „das Proletariat (...) hat seinen Mut, sein Selbstgefühl, seinen Stolz und seine Unabhängigkeitssinn noch viel nötiger als sein Brot.“[68]

Die Problematik der Menschenwürde enthält auch noch einen anderen Wert, zu dem der Che sich bekannte: die *Freiheit*, die für ihn als Marxisten natürlich einen ganz anderen Sinn hat, als den, den ihm der individualistische bürgerliche Humanismus zuordnet. Für Marx ist die Freiheit nicht das „freie Spiel“ der Individuen, die sich auf dem Markt gegenüberstehen, sondern *die vernunftmäßige Kontrolle der Natur und des gesellschaftlichen Lebens durch die Menschen.* Das schließt die Abschaffung des „freien Marktes" und jeder Form von *Entfremdung* ein, d.h. das Ende der Beherrschung der Menschen durch die Ergebnisse ihrer Arbeit und insbesondere durch den Produktionprozeß. Diese Konzeption der Freiheit ist auch die des Che, für den die Befreiung des Menschen „die Lösung der Widersprüche, die seine Entfremdung hervorgerufen haben", konkret voraussetzt.[69] Deshalb zögert er nicht zu verkünden: *„die Befreiung des Menschen aus seiner Entfremdung" ist „das erste und wichtigste revolutionöre Anliegen"*, d.h. vor allem die Befreiung von der Beherrschung durch die blinden Gesetze des Kapitalismus, eine Emanzipation, mit der er den ersten Schritt in das Reich der Freiheit tut. Für den Che ist die Befreiung des Menschen kein einmaliger Akt, sondern ein Prozeß. Die Freiheit muß man *schaffen.* In Kuba steht „das Gerüst unserer vollen Freiheit", aber ihre totale Vollendung kann nur mit dem Aufbau der universellen kommunistischen Gesellschaft geschehen.[70]

Humanität, Gerechtigkeit, Würde, Freiheit: diese „klassischen" Werte erhalten im revolutionären Humanismus des Che einen *neuen Sinn,* weil sie vom *Standpunkt des Proletariats,* des Klassenkampfes und der sozialistischen Revolution gesehen werden.

II.

Das ökonomische Denken des Che

Einleitung

Das ökonomische Denken des Che bildet ebenso wie seine Theorie des Guerillakrieges einen originalen Beitrag, der die marxistische Theorie bereichert und auf der konkreten Praxis der kubanischen Revolution aufbaut. Dieses Denken stimmt mit den Grundsätzen des revolutionären Humanismus des Che überein und ist zugleich in geschmeidiger Weise der Wirklichkeit der wirtschaftlichen Entwicklung in Kuba angepaßt. Es hat sich im Verlauf der großen Wirtschaftsdebatte der Jahre 1963/64 in Kuba geformt, die sich nicht nur auf die unmittelbaren wirtschaftlichen Probleme der Insel bezog, sondern auch auf Kernfragen der marxistischen Theorie und auf den tiefen Sinn des Sozialismus; diese Debatte hat ihren Platz im Rahmen der Auseinandersetzungen unter Tendenzen, die sich in verschiedenen Formen in der internationalen kommunistischen Bewegung entwickeln.

In Kuba hat diese Debatte einen Charakter angenommen, der in einem sozialistischen Land seit Lenins Tod praktisch ohne Beispiel ist: Sie hat in einer Atmosphäre der Würde und der gegenseitigen Achtung, in offener Weise und öffentlich, in der Presse, stattgefunden. Alle Teilnehmer — unter ihnen Minister, führende Mitglieder der kubanischen Partei und europäische Wirtschaftsfachleute — waren aktive Marxisten, die sich zu den Zielen der kubanischen Revolution bekannten und sich jenseits ihrer Meinungsverschiedenheiten gegenseitig als Marxisten achteten. Die Debatte wurde nicht mit einem „Absägen der Unterlegenen" abgeschlossen; ganz im Gegenteil, Guevaras Thesen setzten sich trotz seines Weggangs aus Kuba durch.

Die Hauptthemen des Diskussion waren:

□ Fragen der Wirtschaftspolitik: Budget-Finanzierungssystem oder finanzielle Autonomie der Unternehmen; moralische oder materielle Anreize;

□ Fragen der politischen Ökonomie: Wertgesetz und Planung, Verhältnis zwischen Produktivkräften und Produktionsverhältnissen, Warencharakter der verstaatlichten Produktionsmittel —ja oder nein;

□ allgemeine Fragen der marxistischen Theorie: Rolle des Bewußtseins beim Aufbau des Sozialismus usw.

Nachstehend die Liste der wichtigsten Teilnehmer und ihrer

Beiträge (in chronologischer Reihenfolge):

□ Ernesto Che Guevara (Industrieminister), „Überlegungen zu den Produktionskosten als Grundlage der ökonomischen Analyse der Unternehmen unter dem Budgetsystem", in: *Nuestra Industria,* Nr. 1, Juni 1963;

□ Luis Alvarez Rom (Finanzminister), „Der politische und ökonomische Gehalt des staatlichen Budgets", in: *Trimestre — Suplemento del Directorio Financiero,* Nr. 6, Mai/Juni 1963;

□ Alberto Mora (Minister für Außenhandel), „Zur Frage des Funktionierens des Wertgesetzes in der kubanischen Wirtschaft zum gegenwärtigen Zeitpunkt", in: *Comercio Exterior,* Juni 1963;*

□ Che Guevara, „Über den Begriff des Wertes — Erwiderung auf einige Behauptungen zu diesem Thema", in: *Nuestra Industria,* Nr. 3, Oktober 1963 (Antwort auf Alberto Mora);**

□ Miguel Cossio, „Beitrag zur Diskussion über das Wertgesetz", in: *Nuestra Industria,* Nr. 4, Dezember 1963;

□ Marcelo Fernández Font (Präsident der Nationalbank), „Entwicklung und Funktionen der sozialistischen Bank in Kuba", in: *Cuba Socialista,* Jg. IV, Nr. 30, Februar 1964;

□ Che Guevara, „Über das Budget-Finanzierungssystem", in: *Nuestra Industria*, Nr. 5, Februar 1964;* **

□ Che Guevara, „Das Bankwesen, der Kredit und der Sozialismus", in: *Cuba Socialista*, Jg. IV, Nr. 31, März 1964 (Antwort auf Fernández Font);**

□ Charles Bettelheim (marxistischer Wirtschaftswissenschaftler, Studienleiter an der Ecole Pratique des Hautes Etudes, Paris), „Formen und Methoden der sozialistischen Planung und der Entwicklungsstand der Produktivkräfte", in: *Cuba Socialista*, Jg. IV, Nr. 32, April 1964, [sowie in: *Nuestra Industria*, Nr. 7, Juni 1964]
(Widerlegung der Thesen des Che);*

□ Che Guevara, „Die sozialistische Planung und ihre Bedeutung", in: *Wertgesetz, Planung und Bewußtsein*", S. 65-67.

* Diese Artikel wurden auf Deutsch in einem Sammelband veröffentlicht, den Wolfgang Müller in dem seinerzeit dem Bundesvorstand des Sozialistischen Deutschen Studentenbundes (SDS) nahestehenden Verlag Neue Kritik herausgegeben hat: *Wertgesetz, Planung und Bewußtsein* (vollständige bibliographische Angaben im Literaturverzeichnis). Er enthält außerdem Fidel Castros Rede vom 26.7.1968 und ein Verzeichnis ausgewählter Literatur.

** Diese Texte liegen auf Deutsch in dem Band *Ökonomie und neues Bewußtsein* vor. Die Rede vom 15.8.1964 ist außerdem in dem Band *Der neue Mensch* enthalten.

□ Ernest Mandel (marxistischer Wirtschaftswissenschaftler, Herausgeber der belgischen Wochenzeitung *La Gauche*, führender Trotzkist), „Die Warenkategorien in der Übergangsperiode", in: *Nuestra Industria* Nr. 7, Juni 1964 (Antwort auf Bettelheim);*

□ Joaquin Infante, „Charakteristika des Funktionierens des selbstfinanzierten Unternehmens", in: *Cuba Socialista,* IV. Jg., Nr. 34, Juni 1964;

□ Luis Alvarez Rom, „Über die Methode der Analyse der Finanzierungssysteme", in: *Cuba Socialista,* IV. Jg., Nr. 35, Juli 1964;

□ Che Guevara, „Eine neue Haltung gegenüber der Arbeit" (Rede vom 15.8.1964 vor einer Arbeiterversammlung), in: *Obra Revolucionaria,* Nr. 21, August 1964;

□ Alexis Codina, „Erfahrungen mit der Kontrolle im Budgetsystem", in: *Nuestra Industria,* Nr. 10, Dezember 1964;

□ Mario Rodriguez Escalona, „Die allgemeine Konzeption der Finanzen in der Geschichte und das Budget-Finanzierungssystem in der Übergangsperiode", in: *Nuestra Industria,* Nr. 10, Dezember 1964;

□ Che Guevara, 1964 im Industrieministerium geführte Gespräche, von denen später auf Italienisch stenographische Aufzeichnungen veröffentlicht wurden („Il piano e gli uomini", in: *Il Manifesto* [Roma], Nr. 7, Dezember 1969);

□ Fidel Castro, Rede vom 28. September 1966 zum 4. Jahrestag der Gründung der Komitees zur Verteidigung der Revolution, in: *Granma* (Wochenausgabe), 2.10.1966.

□ Siehe auch zwei Artikel von Carlos Rafael Rodriguez, Direktor des INRA (Instituto Nacional de Reform Agraria — Nationales Institut für Agrarreform), in dem er für finanzielle Selbstverwaltung der landwirtschaftlichen Betrieb eintritt, ohne jedoch direkt an der Diskussion teilzunehmen: „Vier Jahre Agrarreform", in: *Cuba Socialista,* Jg. III, Nr. 21, Mai 1963; „Der neue Weg der kubanischen Landwirtschaft", in: *Cuba Socialista,* Jg. III, Nr. 27, November 1963.[71]

Im folgenden ein kurzes Verzeichnis von Veröffentlichungen über diese Debatte:

□ René Dumont, *Cuba, socialisme et développement*, Paris: Editions du Seuil 1964, (Collection Esprit, „Frontières ouvertes"). [*Cuba; Socialism and Development*, New York: Grove Press 1970.]

□ Adolfo Gilly, *Inside the Cuban Revolution,* New York: Month-

ly Review Press 1964.
[Zuerst als Sonderheft der Zeitschrift *Monthly Review* (New York), Bd. 16, Nr. 6, Oktober 1964.]
[Teile auf Französisch unter dem Titel: „La révolution cubaine a cinq ans", in: *Partisans* (Paris), Nr. 13, Dezember 1963 / Januar 1964, S. 101-118; Teil II, Nr. 14, Februar / März 1964, S. 62-73.]
□ Ernest Mandel, „Le grand débat économique", in: *Partisans* (Paris), Nr. 37 (Cuba et le castrisme en Amérique latine), April-Juni 1967, S. 24-30.
□ Wolfgang Müller, „Einleitung", in: *Wertgesetz, Planung und Bewußtsein,* S. 7-26.
□ Sergio de Santis, „Il dibattito sulla gestione socialista a Cuba", in: *Critica marxista* (Roma), Jg. III, Nr. 5/6, September-Dezember 1965, S. 285-327.
[Leicht gekürzte deutsche Übersetzung nach der spanischen Fassung: „Bewußtsein und Produktion (Eine Kontroverse zwischen Ernesto Che Guevara, Charles Bettelheim und Ernest Mandel über das ökonomische System in Cuba)", in: *Kursbuch* (Frankfurt a. M.), Bd. 18, Oktober 1969, S. 80-117.]
□ Saverio Tutino, „Ricerca e dibattito critico sullo sviluppo economico a Cuba", in: *Rinascità* (Roma), 21. Jg., Nr. 28, 11. Juli 1964, S. 12 f.

Auf den folgenden Seiten versuchen wir, die ökonomischen Vorstellungen des Che zu systematisieren und um bestimmte strukturierende Achsen zu ordnen, sie mit anderen im Verlauf der Diskussion aufgetauchten Themen zu konfrontieren und das ganze zu gewissen „klassischen" Themen des Marxismus in Bezug zu setzen.

1. Produktivkräfte und Produktionsverhältnisse

Eines der Merkmale der ökonomistischen Neigung, die dem Vulgärmarxismus eigen ist, ist seine einseitige und mechanistische Konzeption von der Beziehung zwischen Produktivkräften und Produktionsverhältnissen, eine Beziehung, die als einseitig wirkende Kausalität verstanden wird. Diese Konzeption beruft sich mit dem Anspruch der Orthodoxie auf ein aus dem Zusammenhang gerissenes Zitat von Marx (aus *Das Elend der Philosophie,*

1847), das unermüdlich heruntergeleiert und als Quintessenz des historischen Materialismus ausgegeben wird: „Die Handmühle ergibt eine Gesellschaft mit Feudalherren, die Dampfmühle eine Gesellschaft mit industriellen Kapitalisten.“[72]

Abgesehen davon, daß dieser Satz von den Tatsachen her falsch ist (laut dem marxistischen Historiker Charles Parain irrt sich Marx, da die *Wassermühle* für den Feudalismus typisch ist, während die *Werkzeugmaschine* und nicht die Dampfmühle den Beginn des Industriekapitalismus kennzeichnet),[73] führt er, isoliert gesehen, zu einer methodologisch unkorrekten Betrachtungsweise. Indessen zeigt die Lektüre des vollständigen Textes des *Elends der Philosophie* und vor allem des *Kapital* klar, daß die Produktionsverhältnisse für Marx nicht immer und überall der Reflex oder die Auswirkung der Produktivkräfte sind; in den *Übergangsperioden* kann es zwischen beiden eine *Verschiebung* geben, sodaß die Produktionsverhältnisse mitunter eine Bremse der Produktivkräfte sein können, mitunter ihnen *vorauseilen* können. Was die letztere Variante betrifft, die uns in diesem Zusammenhang am meisten interessiert, kann man die *Manufaktur* und die *häusliche Lohnarbeit* als Beispiele, die im *Kapital* genannt sind, anführen. Es handelt sich hier um *kapitalistische* Produktionsverhältnisse in der Zeit des Übergangs von der feudalen zur kapitalistischen Produktionsweise auf der Grundlage von *alten und traditionellen* Produktivkräften (Techniken, Produktionsmittel usw.).[74]

Innerhalb der russischen Sozialdemokratie postulierte die ökonomistische Tendenz, die der Menschewismus exemplarisch verkörperte, die Unmöglichkeit einer sozialistischen Revolution in Rußland als unwiderlegliches Dogma: Der niedrige Entwicklungsstand der Produktivkräfte werde keine wie auch immer geartete Form sozialistischer Produktionsverhältnisse zulassen. Lenin antwortete (ab 1917) darauf mit zwei Folgen von Argumentationen:

□ Der Widerspruch zwischen Produktivkräften und Produktionsverhältnissen muß von der Warte des kapitalistischen Weltsystems begriffen werden, eines Systems, dessen *schwächstes Kettenglied* Rußland ist;

□ warum sollen wir die Produktivkräfte in Rußland nicht mit sozialistischen Methoden entwickeln, nachdem die Oktoberrevolution „uns die Möglichkeit bietet, die wesentlichen Voraussetzungen der Zivilisation auf andere Weise als die Staaten Westeuropas zu schaffen?"[75]

Stalins Denken stellt in diesem Zusammenhang (und auch in anderem...) eine halbe Kehrtwendung zu den menschewistischen Positionen dar. Für Stalin gibt es ein objektives ökonomisches Gesetz der *„unbedingten Übereinstimmung* der Produktionsverhältnisse mit dem Charakter der Produktivkräfte." Er fügt allerdings hinzu, daß diese Entsprechung nicht im „absoluten Sinne" aufzufassen sei, weil die Produktivkräfte den Produktionsverhältnissen „unbestreitbar" *immer vorauseilen, auch im Sozialismus.* Was die Oktoberrevolution betrifft, so hat eben die Arbeiterklasse nichts anderes getan, als das Gesetz der unbedingten Übereinstimmung anzuwenden, indem sie die Produktionsverhältnisse dem Stand der Produktivkräfte in Rußland angegliche hat! Mit anderen Worten, Stalin akzeptiert die Prämissen des menschewistischen Schemas und versucht, es mit dem Bolschewismus und mit der Wirklichkeit der Oktoberrevolution in Einklang zu bringen.[76]

Wie stellen sich die Teilnehmer der Debatte, die 1963/64 in Kuba stattfand, zu diesen „klassischen" Thesen? Der französische Wirtschaftswissenschaftler Charles Bettelheim hat die weitestgehende Kritik an den Thesen des Che vorgetragen. (Auf den folgenden Seiten gibt Bettelheim ein wenig die Rolle des „Prügelknaben" ab. Um jedoch jedes Mißverständnis auszuschalten, wollen wir festhalten, daß er für uns einer der größten zeitgenössischen marxistischen Wirtschaftswissenschaftler ist und daß wir, wenn wir einige seiner damaligen Thesen kritisieren — die er, wie uns scheint, inzwischen zum größten Teil fallengelassen hat—, keineswegs das wissenschaftliche Interesse seiner Arbeiten und das revolutionäre politische Engagement des Autors in Zweifel ziehen wollen. Im übrigen hat der Che selbst in einem gegen Bettelheim gerichteten polemischen Artikel betont, daß „der Artikel des Genossen Bettelheim (...) insofern von unzweifelhafter Bedeutung (ist), als er aus der Feder eines Ökonomen von profundem Fachwissen und marxistischen Theoretikers stammt.")[77] Er beruft sich ausdrücklich auf Stalin und dessen „Gesetz der unbedingten Übereinstimmung"; er verkündet kategorisch, es sei „das Entwicklungsniveau der Produktivkräfte, das die Natur der Produktionsverhältnisse bestimmt". Das notwendige Fortbestehen der Warenkategorien und die finanzielle Autonomie der Betriebe sind in der Wirtschaft des Übergangs zum Sozialismus „verbunden mit dem gegebenen Entwicklungsstand der Produktivkräfte." (Das scheint den Gedanken nahezulegen, daß die Warenkategorien mit dem Anwachsen der Produktivkräfte absterben; aber Bettelheim verneint das, indem er sagt, „der *immer komplexere* Charakter der sowjetischen Wirtschaft ebenso wie anderer sozialistischer Wirtschaften" erkläre den „größere(n) Platz, der diesen Kategorien [den Warenkategorien] (...) eingeräumt werden mußte."[78]

Nachdem der Che diese Konzeption kritisiert hatte, antwortete Bettelheim in einem im Februar 1966 erschienenen Artikel: „Che Guevara kritisiert mit Recht eine mechanistische Konzeption — die er mir jedoch zu unrecht zuschreibt — des Gesetzes der Übereinstimmung zwischen dem Entwicklungsniveau der Produktivkräfte und dem Charkter der Produktionsverhältnisse." Bettelheim erkennt zu jenem Zeitpunkt also an, daß die Übergangsperiode „eben durch das ‚Vorauseilen' der neuen Eigentumsverhältnisse und der neuen Produktionsverhältnisse gegenüber dem Entwicklungsniveau der lokalen Produktivkräfte charakterisiert ist."[79] Das ist ganz offensichtlich das Gegenteil dessen, was er in seinem Artikel vom Januar 1964 behauptet hatte und von dem Che zurecht als mechanistisch charakterisiert worden war. Aber zwei Monate später (im April 1966) kommt er auf seine alte These zurück, indem er erneut behauptet: „wenn man Organisations- und Zirkulationsformen der Produktionsmittel anwenden will, die nicht dem erreichten Entwicklungsniveau der Produktionskräfte entsprechen, muß sich am Ende eine beträchtliche Verschwendung ergeben".[80]

In seinem Diskussionsartikel gegen Bettelheim („Die sozialistische Planung und ihre Bedeutung" vom Juni 1964) beruft sich Che Guevara ausdrücklich auf die These vom schwächsten Kettenglied und auf Lenins Polemik gegen die Menschewiki und zeigt, daß sie zum Verständnis der kubanischen Revolution sehr wohl herangezogen werden kann: In Kuba fand 1959-1962 wie 1917/18 in Rußland trotz der Rückständigkeit und der Unterentwicklung der Produktivkräfte eine sozialistische Revolution statt. Was für die sozialistische Revolution gilt, gilt nun aber gleichermaßen für die von ihr eingeführten sozialistischen Produktionsverhältnisse: „Die Unternehmensform der Empresas Consolidadas* als eine Verirrung zu bezeichnen, heißt ungefähr

* *Empresa consolidada* (wörtlich: konsolidiertes Unternehmen) — zentraler Begriff für das Budget-Finanzierungssystem. Vgl. zur Verdeutlichung: „Für uns ist ein Unternehmen eine Vielzahl von Fabriken oder Einheiten, die eine ähnliche technolo-

soviel, wie die cubanische Revolution als eine Verirrung zu bezeichnen. Es handelt sich um gleichartige Begriffe, und sie können sich auf die gleiche Analyse stützen."[81] Mit anderen Worten, man kann nicht die Tatsache, daß die Produktionsverhältnisse einer im Übergang zum Sozialismus begriffenen Gesellschaft den Produktivkräften *vorausgeeilt* sind, leugnen, ohne die Möglichkeit einer sozialistischen Revolution in einem rückständigen, halbfeudalen oder halbkolonialen, unterentwickelten Land zu verneinen.

Die (methodologische) Moral der Geschichte ist, dem Che zufolge, ein *dialektisches* Herangehen an das Problem, welches zeigt, daß die Produktionsverhältnisse nicht immer und überall „das getreue Spiegelbild der Produktivkräfte" sind; in gewissen Übergangsperioden gibt es keine totale Übereinstimmung zwischen den beiden Ebenen; das gilt insbesondere, „wenn eine neue Gesellschaft aufsteigt, die die alte überholt, um sie zu zerbrechen, und (der Moment) tritt ein, wenn die alte Gesellschaft auseinanderbricht und die neue, deren Produktionsverhältnisse eingeführt werden, darum kämpft, sich zu konsolidieren und den alten Überbau zu zerstören."[82] Zu diesen historischen Momenten kann es eine *Phasenverschiebung* geben, sei es, daß die Produktionsverhältnisse den Produktivkräften vorauseilen oder hinter ihnen zurückbleiben. Man kann also nicht *a priori* ohne eine „konkrete Analyse der konkreten Situation", wie Lenin sie vor der Einführung der „Neuen Ökonomischen Politik" vornahm, gewisse Formen der Produktionsverhältnisse (wie die *empresa consolidada* oder die zentrale Planung) mit dem einfachen, abstrakten und dogmatischen Argument verurteilen, daß diese Formen „nicht der Entwicklung der Produktivkräfte entsprechen".[83] Andererseits verneint der Che aus demselben Grund die Rechtfertigung des Weiterbestehens der Warenkategorien und der finanziellen Autonomie als Formen, „mit dem gegebenen Entwicklungsstand der Produktivkräfte" verbunden sind.[84] D.h. er verwirft das, was er „apologetische, vom Pragmatismus bestimmte Schlußfolge-

gische Grundlage, ein gemeinsames Ziel ihrer Produktion oder, in einigen Fällen, einen umgrenzten geographischen Standort haben; für das System der wirtschaftlichen Rechnungsführung ist ein Unternehmen eine Produktionseinheit mit eigenem Rechtsstatus. Eine Zuckerzentrale ist nach dieser Methode ein Unternehmen; für uns dagegen bilden alle Zuckerzentralen und andere Einheiten, die eine Beziehung zum Zucker haben, die Empresa Consolidada del Azúcar." (Ernesto Che Guevara, „Über das Budget-Finanzierungssystem", in: *Wertgesetz, Planung und Bewußtsein*, S. 56.)

rungen über die sogenannte wirtschaftlichen Rechungsführung*"
nennt, die Bettelheim aus seiner Analyse zieht.[85]

In beiden Fällen scheint ihm diese Methode infolge einer engen und mechanistischen Sicht der Verbindung zwischen Produktionsverhältnissen und Produktivkräften radikal verfehlt.

2. Wertgesetz und sozialistische Planung

Marx definiert den Sozialismus im *Kapital* als eine freie Vereinigung von Produzenten, welche die Produktion und den Prozeß des gesellschaftlichen Lebens nach einem bewußten Plan rational kontrollieren.[86] Entsprechend schreibt er in der *Kritik des Gothaer Programms*: „Innerhalb der genossenschaftlichen, auf Gemeingut an den Produktionsmitteln gegründeten Gesellschaft *tau-*

* „*Wirtschaftliche Rechnungsführung:* objektive ökonomische Kategorie des Sozialismus, Methode der planmäßigen Wirtschaftsführung und Grundkategorie der sozialistischen Betriebswirtschaft. Sie verbindet die materiellen Interessen der sozialistischen Warenproduzenten mit den materiellen Interessen der Gesellschaft. Ihre wichtigste Funktion besteht deshalb darin, den entscheidenden Grundgedanken des ökonomischen Systems des Sozialismus, die zentrale staatliche Planung und Leitung der Grundfragen des gesellschaftlichen Reproduktionsprozesses organisch mit der eigenverantwortlichen Planungs- und Leistungstätigkeit der sozialistischen Warenproduzenten einerseits und mit der eigenverantwortlichen Regelung des gesellschaftlichen Lebens im Territorium durch die örtlichen Organe der Staatsmacht andererseits zu verbinden (Walter Ulbricht) sowie die zentrale Idee des ökonomischen Systems des Sozialismus verwirklichen zu helfen. Damit orientiert sie vor allem die Betriebe, Kombinate und VVB auf das ökonomische Prinzip, mit einem möglichst geringen Aufwand an Produktionsmitteln, Arbeitszeit und Geld ein höchstmögliches Ergebnis zu erzielen. Die w. R. beruht auf der Ausnutzung der ökonomischen Gesetze des Sozialismus, insbesondere des Wertgesetzes. Sie erfordert die Gegenüberstellung der Aufwendungen und Ergebnisse der Wirtschaftstätigkeit in Geldform, die Deckung der Ausgaben der Betriebe und Institutionen aus eigenen Einnahmen, die Sicherung der Rentabilität der Produktion und die Eigenerwirtschaftung der Mittel für die erweiterte Reproduktion." (*Wörterbuch der Ökonomie, Sozialismus*, 2., erweiterte und überarbeitete Auflage, Berlin: Dietz Verlag 1969, S. 901.)

Der russische Ausdruck lautet: *chosrastschjot (andere Umschrift: khozrachot*), Kurzform für *chosjaistwennij rastschjot*, wirtschaftliche Rechnung, Kalkulation. Das Prinzip der wirtschaftlichen Rechnungsführung wurde in Sowjetrußland 1921 mit der „Neuen Ökonomischen Politik" (NEP) eingeführt.

Im Französischen „calcul économique"; im Spanischen „cálculo económico". Auf Kuba wurde auch von „autogestión financiero" (wörtlich: finanzielle Selbstverwaltung), Autonomie, und „empresas autofinanciados", finanziell autonomen Betrieben, gesprochen. Dies war das vom INRA befürwortete und praktizierte System, das Gegenstück zum „sistema presupuestario de financiamiento", dem Budget-Finanzierungssystem.

schen die Produzenten ihre Produkte *nicht aus; ebensowenig erscheint hier* die auf Produkte verwandte Arbeit *als Wert dieser Produkte.*“[87] Fast alle marxistischen Denker des 20. Jahrhunderts (Lenin, Trotzki, Bucharin, Stalin, Otto Bauer, Rosa Luxemburg, Mao Tse-tung u.a.) haben jedoch auf verschiedene Weise anerkannt, daß nach dem Sturz des Kapitalismus nicht *sofort* alle Warenverhältnisse und die gesamte Geldwirtschaft beseitigt werden können. „Fast alle“ marxistischen Denker, denn die zwei großen ultralinken Theoretiker der zwanziger Jahre, Pannekoek und Bordiga, haben diese Auffassung verworfen und betrachteten z.B. die NEP in der Sowjetunion als gleichbedeutend mit der Restauration des Kapitalismus.[88]

Bei Stalin gehört das bestehende Problem des Wertgesetzes in der sozialistische Gesellschaft in dem allgemeinen Rahmen einer methaphysischen Theorie ökonomischer Gesetze, der zufolge „die Gesetze der Wissenschaft — ganz gleich, ob es sich um Gesetze der Naturwissenschaft oder um Gesetze der politischen Ökonomie handelt, als die Widerspiegelung objektiver, *unabhängig vom Willen der Menschen* vor sich gehender Prozesse“ aufzufassen sind. Diese Gesetze kann man entdecken, erkennen, sie im Interesse der Gesellschaft ausnutzen, aber man *kann sie nicht verändern oder aufheben* — „ganz gleich, ob es sich um die Periode des Kapitalismus oder um die Periode des Sozialismus handelt.“[89] Danach erübrigt es sich also, von all dem abzusehen, was ein Naturgesetz von einem ökonomischen Gesetz unterscheidet und vor allem, was den Kapitalismus, in dem die „blinden Gesetze“ des Marktes die Produzenten beherrschen, vom Sozialismus unterscheidet, wo nach Marx der Mensch den Produktionsprozeß bewußt kontrolliert....[90]

Für Stalin ist das Wertgesetz in der sozialistischen Gesellschaft genau eines jener objektiven Gesetze, die man weder ändern noch abschaffen kann, und demzufolge „können und dürfen unsere Betriebe das Wertgesetz nicht außer acht lassen“, was nach seiner Auffassung „nicht schlecht“ ist, denn das Wertgesetz ist eine „gute, praktische Schule, die das Wachstum unserer Wirtschaftskader und ihre Verwandlung in wirkliche Leiter der sozialistischen Produktion“ beschleunigt, indem dies lehrt, „die wirtschaftliche Rechnungsführung zu verwirklichen und die Rentabilität der Betriebe erzielen.“[91] (Stalin erkennt aber doch an, daß die Produktionsmittel in der sozialistischen Wirtschaft keine Waren sind, daß die Wirkung des Wertgesetzes durch den Plan eingeschränkt und daß es in der zweiten Phase des Kommunismus verschwinden wird.) Mit anderen Worten, Stalin betrachtete anscheinend das Weiterbestehen des Wertgesetzes (und der Warenkategorien) im Sozialismus nicht als notwendiges Übel, ein Erbe des Kapitalismus, von dem man so schnell wie möglich loskommen sollte, sondern als eine ausgezeichnete Schule zur Heranbildung von Generaldirektoren der Betriebe!

In Kuba steht die Frage des Wertgesetzes im Mittelpunkt der Debatte, und es ist kein Zufall, daß der vom Außenhandelsminister und Kommandanten Alberto Mora verfaßte Artikel, der die Polemik sozusagen ausgelöst hat, den Titel trägt „Zur Frage des Funktionierens des Wertgesetzes in der kubanischen Wirtschaft zum gegenwärtigen Zeitpunkt" (1963). Die wichtigsten Thesen des Kommandanten Mora — die implizit eine Widerlegung bestimmter Ideen, darstellen, die der Che bereits mündlich vorgetragen hatte und die er im Industrieministerium in die Praxis umzusetzen suchte — waren folgende:

□ der Wert ist ein Verhältnis „zwischen den beschränkt verfügbaren Ressourcen und den wachsenden Bedürfnissen des Menschen";

□ in einer sozialistischen Wirtschaft verschwindet das Wertgesetz nicht; es konkretisiert sich über den Plan. „Es ist gerade die bewußte Entscheidung der Planbehörde (...), in der der Wert als ökonomisches Kriterium, als Regulator der Produktion am vollkommensten erscheint." Nach Moras Meinung gibt es also keinen Widerspruch zwischen Plan und Wertgesetz, sondern erst in der Planung erscheint dieses Gesetz „am vollkommensten";[92]

□ das Wertgesetz ist sogar innerhalb des staatlichen Sektors wirksam, der in Kuba „keineswegs ein einziges großes Unternehmen" bildet", wie es „einige Genossen" sich vorstellen (der Leser darf raten, wer das ist).[93] Immerhin räumt Mora ein, (indem er sich auf Stalin, Oskar Lange und „neo-marginalistische" sowjetische Wirtschaftswissenschaftler wie Kantorowitsch[94] u.a. beruft), daß es auch *außerökonomische* Faktoren (politische, militärische usw.) zur Bestimmung der Investitionen in einer Planwirtschaft gibt.

Die profundeste und systematischste Kritik der Thesen des Che war jedoch der Artikel von Bettelheim („Formen und Methoden der sozialistischen Planung und der Entwicklungsstand der Produktivkräfte", Januar 1964). Bettelheims methodologischer Ausgangspunkt sind Stalins Thesen über das Wertgesetz als objektives Gesetz der Volkswirtschaften im Übergang zum Sozialismus. Tatsächlich ging er sogar noch weiter als Stalin, dem er den Vorwurf machte, aus dieser Prämisse nicht alle Konsequenzen gezogen zu haben und zwar ganz besonders wegen seiner Verneinung des Warencharakters des Tauschs zwischen sozialistischen Staatsbetrieben. Nach Bettelheims Auffassung ist die Rolle des Wertgesetzes und der Warenkategorien innerhalb des sozialistischen Sektors durch das zu niedrige Entwicklungsniveau der Produktivkräfte bedingt. Andererseits ist die Gesellschaft bei dem gegenwärtigen Stand dieser Entwicklung noch nicht in der Lage, den Umfang der gesellschaftlichen Bedürfnisse voll zu erfassen; infolge dessen können die Preise „nicht nur die gesellschaftlichen Kosten der verschiedenen Produkte widerspiegeln, sondern (...) auch die Beziehung zwischen Angebot und Nachfrage" ausdrücken.[95] Bettelheims Thesen beruhen auf dem gegenwärtigen Zustand der sowjetischen Wirtschaft, deren Funktionsweise er rechtfertigt. In einem späteren Artikel, in dem er gegen Mandel und den Che polemisiert, weigert er sich, diese Wirklichkeit den Marxschen Thesen gegenüberzustellen, was nach seiner Meinung bedeuten würde, „die abstraktesten theoretischen Schemata der Praxis vorzuziehen"; er erklärt diese Weigerung mit einem Argument, bei dem sich Positives und Pragmatismus in harmonischer Weise vereinen: der Marxismus sei eine Wissenschaft und keine Philosophie; „es handelt sich nicht mehr darum, die Wirklichkeit an der Idee zu messen"...[96]

Guevaras Eingreifen in die Diskussion beginnt mit einem polemischen Artikel gegen die Thesen des Kommandanten Mora, „Über den Begriff des Wertes — Erwiderung auf einige Behauptungen zu diesem Thema" (Oktober 1963), in dem er vor allem zwei Probleme herausstellt:

□ der Wert wird von Marx nicht als ein Verhältnis zwischen Bedürfnissen und Ressourcen, sondern als das Quantum *abstrakter Arbeit* definiert;

□ wenngleich es stimmt, daß der staatliche Sektor in Kuba noch nicht „ein einziges großes Unternehmen" darstellt, so ist es doch nicht weniger wahr, daß die Weitergabe eines Produktes von einer Abteilung an eine andere oder von einem Betrieb an einen anderen kein Tauschakt ist und daß in dem entwickelten Budgetsystem *dieses Produkt keinesfalls eine Ware ist,* weil der Staat der Eigentümer der Fabriken ist.

Zum Problem des allgemeinen Verhältnisses zwischen Wertgesetz und Plan drückt Guevara sich sehr vorsichtig aus, und man spürt, daß seine diesbezüglichen Vorstellungen noch nicht ausgereift sind: Er beschränkt sich darauf festzustellen, daß die auf den administrativ festgesetzten Preisen beruhende Planung notwendigerweise die Wirkung des Wertgesetzes „verdunkelt“ und „bestimmte Verzerrungen erleiden“ läßt.[97]

In zwei späteren Artikeln entwickelt und vertieft der Che seine Gedanken über den Plan, indem er offen gegen das *Manual* (das von der Akademie der Wissenschaften der UdSSR herausgegebene Handbuch der politischen Ökonomie)[98] und gegen Bettelheim polemisiert: „Über das Budget-Finanzierungssystem“ (Februar 1964) und „Die sozialistische Planung und ihre Planung“ (Juni 1964). Der zentrale Gedanke des Ches ist: „die zentralisierte Planung (ist) das Wesen der sozialistischen Gesellschaft, die sie definierende Kategorie und der Punkt (...), an dem das Bewußtsein des Menschen es endlich erreicht, die Wirtschaft in die Hand zu nehmen und auf ihr Ziel, die völlige Befreiung des Menschen im Rahmen der kommunistischen Gesellschaft, zu lenken.“[99] In diesem Sinne ist er ganz und gar gegen das unsichtbare und undurchschaubare Wertgesetz, welches das Schicksal des Individuums formt, jenes strenge und *entfremdende* Gesetz, das sich dem Willen und dem Bewußtsein der Menschen entzieht.[100] Man sieht, daß die Vorstellungen Guevaras von der Planung eng mit seiner („philosophischen“) Fragestellung des bewußten Übergangs zum Kommunismus und seines Verständnisses der Freiheit als Beseitigung der Entfremdung verbunden sind. Für den Che war die Planung kein einfaches technisches Instrument, sondern die notwendige Form der auf der schöpferischen Tätigkeit der Volksmassen gegründeten Herrschaft des Menschen über seine Umwelt: Wir müssen die „bewußte individuelle und kollektive Beteiligung (des Menschen) an allen Führungs- und Produktionsmechanismen verstärken“, damit die Ketten der Entfremdung wirklich zerbrochen werden können.[101] Für ihn ist die Planung letzten Endes eben der Weg, der die sozialistische Gesellschaft *in das Reich der Freiheit* führt.[102] Sie unterscheidet sich auch jetzt bereits radikal von der warenförmigen wirtschaftlichen Rechnungsführung, indem sie sich nicht an rein *quantitativen* Kriterien (Profit, Rentabilität) orientiert, sondern an *qualitativen* Kriterien: Gebrauchswerten, „der *Befriedigung der grundlegenden Bedürfnisse des Menschen.*“[103]

Der Che *bestreitet nicht*, daß für eine ganze Periode Warenkategorien und Wertgesetz weiterbestehen, aber er betont den *grund-*

legenden Gegensatz zwischen Planung und Wertgesetz, ein Widerspruch, der fortschreitend duch die Beseitigung der „Überbleibsel der Warengesellschaft" aufgelöst werden muß. Der Che erkennt an, daß „sich während einer bestimmten Zeit die Kategorien des Kapitalismus erhalten und daß die Zeitspanne sich nicht im voraus bestimmen läßt"; aber zugleich wendet er sich ausdrücklich gegen die in dem *Handbuch der politischen Ökonomie* aus der Sowjetunion vertretenen Perspektive, „das Wertgesetz und die Ware-Geld-Beziehungen in der Periode des Aufbus der kommunistischen Gesellschaft *zu entwickeln* und auszunutzen." Für ihn geht es durchaus nicht darum, die Warenbeziehungen zu „entwickeln"; sondern es muß nach seiner Auffassung im Gegenteil die *Tendenz* vorherrschen, „so entschlossen wie möglich die alten Kategorien zu vernichten" (den Markt, das Geld usw.)[104] In diesem Zusammenhang kritisiert er den Pragratismus Bettelheims, der „die reale und sichere Tatsache (feststellt), daß diese juristischen und diese Warenkategorien (in den sozialistischen Ländern) bestehen, und der daraus pragmatisch schließt, daß sie, weil sie existieren, auch notwendig sind".[105]

Konkret bedeutet diese Tendenz, daß man zwar z.B. Elemente des Wertgesetzes zu Vergleichszwecken (Kosten, Rentabilität in Rechengeld ausgedrückt) verwenden kann; daß die Preise „unter offensichtlicher Vernachlässigung des Wertgesetzes" gebildet werden, „wobei immer zu beachten ist, daß eine ganze Reihe von Artikeln, die für das Leben des Menschen grundlegend notwendig sind, zu niedrigen Preisen angeboten werden müssen".[106]

Guevara hat den Kern der Debatte klar herausgeschält, indem er betonte, daß er der sozialistischen Planung eine viel größere *Macht der bewußten Entscheidung* beimaß als Bettelheim. Während beide das Weiterbestehen von Warenkategorien anerkennen, unterscheiden sich der Che und Bettelheim nicht nur in der Bewertung der Rolle, der Bedeutung und der Wichtigkeit dieser Überbleibsel, sondern auch und vor allem im bezug auf die Wege, die zu ihrem Absterben führen: Für den Che ist Beseitigung der wirtschaftlichen Überbleibsel des Kapitalismus nicht ein fernliegendes und mehr oder weniger „automatisches" Ergebnis der Entwicklung der Produktivkräfte, sondern sie muß ab sofort Schritt für Schritt durch bewußtes Eingreifen des Menschen mittels der sozialistischen Planung in Angriff genommen werden. Wir wollen hinzufügen, daß Guevara ausdrücklich zwischen der zentralen Planung, für die er eintritt, und der *bürokratischen*

Planung unterscheidet, wie sie zur Zeit Stalins in der UdSSR praktiziert wurde; er ging sogar soweit, sich die Kritik von Liberman zu eigen zu machen, „dessen Besorgnis wegen der Verirrungen berechtigt (erscheint), die der Begriff ,Planerfüllung' im Laufe der Jahre erlitten hat."[107]

Die Argumente, die der belgische Wirtschaftswissenschaftler Ernest Mandel (einer der führenden Köpfe der IV. Internationale) in seinem Artikel „Die Warenkategorien in der Übergangsperiode" (Juni 1964) entwickelt, vervollständigen und verstärken die Thesen des Che. Mandel vertritt die Auffassung, daß der Tausch im sozialistischen Sektor nur den illusorischen Schein, nur äußerlich die Form eines Warenbeziehung hat, weil die Verteilung der Ressourcen zwischen den Betrieben aufgrund eines Planes erfolgt.[108] Im übrigen würde es nicht nur das Ende der Planung, sondern auch das Ende der ganzen wirtschaftlichen Entwicklung bedeuten, wenn man in einem Land wie Kuba das Wertgesetz, d.h. die Rentibilität als Wegweiser für die Investitionen walten lassen wollte. Es liegt auf der Hand, daß in einem unterentwickelten Land die Landwirtschaft im allgemeinen „rentabler" als die Industrie, die Leichtindustrie „rentabler" als die Schwerindustrie und vor allem der Import industrieller Güter des Weltmarktes „rentabler" ist als die Produktion im eigenen Land. „Wenn man die Investitionen weiter durch das Wertgesetz bestimmt werden läßt, so hieße das, daß man im wesentlichen die unausgeglichene Wirtschaftsstruktur, die man vom Kapitalismus ererbt hat, beibehält." Im übrigen ist ganz allgemein die beste *nationale* Rentabilität *niemals* die Summe der besten Rentabilitäten aller Einheiten. Wie der Che verneint auch Mandel keineswegs das (teilweise) Weiterbestehenden der Warenkategorien für eine ganze Periode; dieses Weiterbestehen erklärt er aus dem Warencharakter der an die Allgemeinheit verkauften Konsumgüter (bis der Überfluß ihre allgemeine Verteilung erlaubt). Aber nach seiner Ansicht spielt sich in den Gesellschaften des Übergangs zum Sozialismus ein „zähe(r) und langer(r) Kampf zwischen dem Prinzip des bewußten Planens und dem blinden Spiel des Wertgesetzes" ab. „In diesem Kampf kann und muß die Planung das Wertgesetz bewußt teilweise benutzen mit dem Ziel, es auf globaler Ebene besser zu bekämpfen".[109]

3. Das Budget-Finanzierungssystem

Die theoretische Diskussion über die Entsprechung von Produktionsverhältnisen und Produktionskräften und über das Wertgesetz war kein akademischer Disput: Sie hatte ganz konkrete Bedeutung für die *Wirtschaftspolitik* Kubas. Das Verhältnis zwischen diesen beiden Problemkreisen ist offensichtlich: das Budget-Finanzierungssystem wird von den Verfechtern der „wirtschaftlichen Rechnungsführung“ kritisiert, eben weil es in Anbetracht des Stands der Produktivkräfte zu weit vorauseile und zur Rolle der Warenkategorien im sozialistischen Sektor im Widerspruch stehe.

In den Jahren 1963/64 befanden sich diese beiden Modelle der Betriebsführung und -organisation auf Kuba in „friedlicher Koexistenz“:

□ im Nationalen Institut für Agrarreform (INRA), das von Carlos Rafael Rodriguez geleitet wurde (und den landwirtschaftlichen Sektor der Wirtschaft verwaltete), herrschten Dezentralisierung, Selbstfinanzierung, wirtschaftliche Rentabilitätsrechnung der Betriebe und warenförmiger Tausch der Produkte;

□ in dem vom Che geleiteten Industrieministerium funktionierte das System der *empresas consolidadas* auf Branchenebene, das System der zentralisierten Budgetfinanzierung; das regulative Prinzip ist die Planerfüllung, die Weitergabe der Produkte von einem Betrieb an einen anderen hat keinen Warencharakter.

Carlos Rafael Rodriguez hat nicht direkt in die Wirtschaftsdebatte eingegriffen. Er hat sich darauf beschränkt, mit einem Artikel, der im Oktober 1963 in der Zeitschrift *Cuba Socialista* erschien, die Vorteile der vom INRA angewandten wirtschaftlichen Rechnungsführung zu verteidigen, wobei er den „bürokratischen Zentralismus“ als ein „schlimmes Übel“ für die Industrie und als „tödliches Übel“ für die Landwirtschaft anprangerte. Es blieb also Charles Bettelheim vorbehalten, die Rolle des theoretischen Verteidigers des Systems der Rentibilitätsrechnung zu übernehmen; er entwickelte seine Position anhand von zwei Hauptthemen:

□ die *empresas consolidadas* der industriellen Branchen Kubas besitzen keine *wirkliche* eigene Dispositionsbefugnis, die gibt es

blick auf Organisation und des Fehlens fähiger Kader usw. mehrere Schwachpunkte zeige.[119]

Eine ähnliche Auffassung wird von Mandel vertreten, der gegenüber Bettelheim betont:

- die Forderung nach vollständiger Verfügungsgewalt über alle Produktionsmittel bis zum letzten Nagel zeigt eine ein wenig mechanische und technokratische Haltung;
- gerade in einer unterentwickelten Wirtschaft wie der kubanischen, wo es einen großen Mangel an mittleren, technisch ausgebildeten Kadern gibt, ist es noch dringender erforderlich, die wichtigsten Entscheidungen bei den zentralen Instanzen zu belassen.

Außerdem, unterstreicht Mandel daß es wichtig sei, die Arbeiter nach Möglichkeit an der Leitung der Unternehmen zu beteiligen, um dadurch eine „Mobilisierung der schöpferischen und organisatorischen Fähigkeiten der Arbeiterklasse" möglich zu machen. Der politische Gehalt ist klar: im Gegensatz zu den Verfechtern der Selbstfinanzierung, die den Direktoren der Betriebe die größtmögliche Autorität und Autonomie gewähren wollen, will Mandel dieser „Managerschicht" sowohl von unten, durch die Organe der Arbeiterselbstverwaltung, als auch oben, durch die zentralen Organe der Planung, Schranken setzen.[120]

4. Materielle Anreize und moralische Anreize

Von den in der kubanischen Wirtschaftsdebatte aufgeworfenen Themen hat die Problematik der „Anreize" die nationale und internationale Öffentlichkeit am meisten beschäftigt. Es handelt sich hier in erster Linie um eine praktische Frage der Wirtschaftspolitik, die direkt mit der Auseinandersetzung über das System der finanziellen Leitung verbunden ist: Die Verfechter der wirtschaftlichen Rechnungsführung und der Rentabilität der einzelnen Betriebe preisen auch und aus denselben Gründen (Anpassung an das notwendige Überleben der Warenkategorien) das System der Ertragsprämien, des Stücklohns, kurz die „materiellen Anreize".

Aber das Thema hat zudem äußerst wichtige moralische und politische Seiten, woraus sich auch das leidenschaftliche Interesse erklärt, auf die diese Frage in Kuba und im Ausland gestoßen ist. Es handelt sich um die entscheidende Frage: wie soll und kann man das Verhalten der Menschen ändern, wie den neuen Menschen schaffen? Marx hat, wie man weiß, die mechanistisch-materialistische Antwort auf diese Frage („Der Mensch ist das Produkt der Verhältnisse: wenn man die Verhältnisse ändert, ändert man auch den Menschen.“) und die idealistischen Antwort („Erst muß man den Menschen ändern, will man die Gesellschaft verändern.“) in einer dialektischen Aufhebung überwunden, die er in der dritten These über Feuerbach großartig formuliert hat: *in der revolutionären Praxis fallen die Veränderung der Menschen und die Veränderung der Umstände zusammen.*[121]

Welche Positionen haben die Teilnehmer an der kubanischen Wirtschaftsdebatte zu diesem Thema eingenommen?

Uns scheint, daß Bettelheims Denken ziemlich eindeutig in die vordialektische materialistische Richtung geht: Nach seiner Auffassung wird das Verhalten der Menschen nicht durch ihr Bewußtsein (die Vorstellung, die sie sich von ihrer Lage machen, usw.) bestimmt, sondern durch ihre Eingliederung in einen gegebenen Produktionsprozeß, der selber wiederum grundlegend durch das Entwicklungsniveau der Produktivkräfte bestimmt ist.[122] Das führt letzten Endes zu der Schlußfolgerung, daß das Verhalten der Menschen sich nur dank der Entwicklung der Produktivkräfte ändern wird... Ein typisches Beispiel dieser Unterschätzung der relativen Unabhängigkeit und der besonderen Wirksamkeit des ideologischen Niveaus (d.h. des Bewußtseins) ist Bettelheims Analyse der Kolchosenform des landwirtschaftlichen Eigentums, das er als dem Entwicklungsstand der Produktivkräfte der UdSSR am besten entsprechend bezeichnet und das, so meint er, nichts mit zu einem angeblichen „‚konservativen Geist‘ der Bauern“ zu tun hat.[123] Das liefe jedoch auf die Aussage hinaus, daß z.B. China, das mit der landwirtschaftlichen Kommune eine viel weiter fortgeschrittene Form als die Kolchose errichtet hat, dies nicht u.a. auf politische und ideologische Unterschiede zwischen den chinesischen und den russischen Bauern (und allgemein zwischen der UdSSR und der Volksrepublik China) zurückzuführen ist, sondern auf das höhere Niveau der Produktivkräfte Chinas!

Da das Verhalten der Menschen von den Produktivkräften bestimmt wird, ist es natürlich illusorisch, gefährlich und schädlich, es durch die allgemeine Anwendung von moralischen Anreizen beeinflussen zu wollen. Nach Bettelheim kann „der respektive Platz der verschiedenen Kategorien von Anreizen (...) nicht (...) im Namen dieser oder jener moralischen Vision oder dieser oder jener idealen Vorstellung von der sozialistischen Gesellschaft" bestimmt werden, sondern er ist notwendigerweise an den Entwicklungsstand der Produktivkräfte gebunden, ein Niveau, das gegenwärtig die Beibehaltung der Warenkategorien und infolgedessen die vorrangige Anwendung des Systems der materiellen Anreize erfordert.[124]

In seiner Erwiderung vertritt Guevara eine viel nuancenreichere und dialektischere Konzeption, die in dem kleine bekannten Satz in dem Artikel „Der Sozialismus und der Mensch in Kuba" zusammengefaßt ist: „Um den Kommunismus aufzubauen, müssen wir mit der materiellen Basis gleichzeitig den neuen Menschen schaffen"; das bedeutet konkret, daß der Aufbau des Kommunismus auf zwei gleich wichtigen „Pfeilern" ruht, denen man „unweigerlich" einen „Vorrang" einräumen muß: „der Schaffung des neuen Menschen und der Entwicklung der Technik."[125] Er verwirft infolgedessen die Vorstellung, die von einer „allzu starre(n) Mechanik" geleitet sei, nach der der materielle Anreiz aufgrund der Steigerung der Konsumgüterproduktion für die Bevölkerung allmählich von selbst verschwinden wird.[126]

Dieser mechanistischen oder, wenn man so will, „vegetabilen" Betrachtungsweise vom kommunistischen Menschen als einer Frucht, die, wenn ihre Zeit gekommen ist, von der Sonne des materiellen Überflusses liebkost, von selbst heranreift, setzt der Che eine ähnliche Perspektive entgegen, wie Marx sie in den „Thesen über Feuerbach" darlegt: durch die revolutionäre Praxis der Massen, die den Sozialismus *mit sozialistischen Methoden* aufbauen, kann man zugleich die wirtschaftlichen Strukturen und das Verhalten der Menschen verändern. Die Veränderung der Verhältnisse und der Menschen (ihres Bewußtseins, ihres Charakters, ihrer „Moral") müssen gleichzeitig verlaufen, in einem engen Verhältnis zueinander, müssen sich wechselseitig bestärken, wobei die eine Veränderung die andere in einem Prozeß dialektischer Wechselwirkung verstärkt.

Der Che verwirft also den Ökonomismus, der in der Hebung des Niveaus der Produktivkräfte den Motor aller gesellschaftlichen, politischen und ideologischen Veränderungen sieht; er erkennt die spezielle Autonomie der verschiedenen Ebenen und Instanzen des gesellschaftlichen Ganzen und demzufolge die Bedeutung der politisch-moralischen Motivation und die Notwendigkeit dessen an, was er „vielfältige Einwirkung" zur Veränderung des Bewußtseins der Volksmassen nennt.[127]

Der materielle Anreiz, d.h. die Mobilisierung der Arbeiter durch ihr direktes, materielles, *privates, individuelles* Interesse (die einen im Gegensatz oder in Konkurrenz zu den anderen) ist für den Che ein Merkmal der Gewohnheiten der alten Gesellschaft, einer Gesellschaft, die „systematisch auf die Isolierung des Individuums" ausgerichtet ist. Als ideologischer Bodensatz des Kapitalismus belastet dieser Anreiz das Bewußtsein des Volkes auf das schwerste; er droht ein verdrießliches Klima des Egoismus und des Strebens nach Bereicherung zu schaffen und bremst „die Entwicklung des Menschen als gesellschaftliches Wesen".[128] Guevara glaubt nicht, daß man „den Kapitalismus mit seinen eigenen Fetischen besiegen" kann. Man kann keine wirklich sozialistische Gesellschaft aufbauen, wenn die ökonomischen Grundlagen die Entwicklung des kollektivistischen Bewußtseins unterminieren, ihm zuwiderlaufen oder sich in einer anderen Richtung bewegen. „Dem Hirngespinst nachjagend, den Sozialismus mit den morschen Waffen verwirklichen zu können, die uns der Kapitalismus hinterlassen hat (die Ware als ökonomischer Kern, die Rentabilität, das individuelle ökonomische Interesse als Ansatzpunkt usw.), kann man in einer Sackgasse landen. (...) Um den Kommunismus aufzubauen, müssen wir mit der materiellen Basis gleichzeitig den neuen Menschen schaffen."[129]

Eine andere Gefahr dieses Systems der Entlohnung ist die Tendenz zur Herausbildung einer privilegierten Schicht von industriellen Bürokraten und Technokraten als ersten Nutznießer der „direkten Anreize". Bei der Analyse der laufenden Wirtschaftsreformen in Polen, in der Tschechoslowakei und in der DDR beklagt der Che, daß sie auf das Problem der Produktivität „eine oberflächliche Antwort geben: man kehrt zurück zur Theorie des Marktes, man greift auf das Wertgesetz zurück, man verstärkt die materiellen Anreize". Aber das Schlimmste ist für ihn, daß nicht nur die gesamte Arbeitsorganisation auf den materiellen Anreiz ausgerichtet ist, sondern daß „die Direktoren immer mehr für sich herausholen. Es genügt, einen Blick auf das jüngste Projekt der DDR zu werfen, auf die Bedeutung, welche die Leitung des Unternehmens durch den Direktor oder besser die Entlohnung des Direktors bekommt."[130]

Der Che erkennt jedoch die *objektive Notwendigkeit* des materiellen Anreizes während der Periode des Übergangs an: die neue Gesellschaft wird mit den Menschen der alten Gesellschaft aufgebaut.[131] Man muß solche Anreize also noch benutzen, aber unter der Bedingung, daß

— der materielle Hebel nicht der hauptsächliche ist; durch seine mißbräuchliche Verallgemeinerung wird er „schnell zu einer selbständigen Kategorie und (drängt) dann den Beziehungen zwischen den Menschen seine eigene Macht" auf;[132]

— man ihn, während man ihn anwendet, bekämpft und zugleich versucht sein Verschwinden durch Erziehung zu beschleunigen;

— das Schwergewicht auf materielle Anreize *sozialer Natur* (z.B. indem man solche Betriebe mit Vorzug behandelt, die beim Aufbau des Sozialismus das größte Interesse zeigen, indem sie gewisse soziale Vorteile gewähren wie Entbindungsanstalten, Arbeiterwohnungen usw.) oder *erzieherischer* Natur gelegt wird (indem man die Entlohnung nach beruflichen Fähigkeiten regelt, gibt man den Arbeitern einen Anreiz zum Lernen und zur Hebung ihres kulturellen und technischen Niveaus).[133]

Die historisches *Tendenz* des Prozesses des sozialistischen Aufbaus muß jedoch die der *schrittweisen Überwindung* des materiellen Anreizes — mit all seinen Gewohnheiten, den Wertmaßstäben und seiner Ideologie — und seine Ersetzung durch den „moralischen Anreiz" sein, d.h. durch das gesellschaftliche und politische Bewußtsein der Massen. Es ist die „Aufgabe der Vorhut-Partei, die entgegengesetzte Haltung so stark wie möglich zu propagieren, nämlich die des moralischen Anspruchs, des moralischen Anreizes, die Haltung von Menschen, die kämpfen und sich aufopfern und dafür nichts anderes erwarten als die Anerkennung der Compañeros (...). (...) Der materielle Anreiz ist ein Überbleibsel der Vergangenheit, man muß ihn natürlich auch berücksichtigen, aber man muß ebenso danach trachten, seine Überbetonung im Bewußtsein der Menschen im Verlauf des Prozesses abzubauen. Das eine erfährt einen entschiedenen Aufstieg, das andere muß entschieden aufgelöst werden. Der materielle Anreiz wird keinen Platz in der neu zu schaffenden Gesellschaft haben, er wird auf dem Weg dahin beseitigt; es müssen die Bedingungen geschaffen werden, damit diese heute noch effektive Mobilisierung immer stärker ihre Bedeutung verliert und an ihre Stelle der moralische Anreiz tritt, das Pflichtbewußtsein, das neue revolutionäre Bewußtsein."[134]

Man kann sagen, daß die Verfechter des privaten materiellen Anreizes in gewissem Maße nichts anderes tun, als eine mehr oder weniger mechanische Übertragung des sowjetischen (und osteuropäischen) Modells vorzuschlagen, während Guevara die Besonderheit der kubanischen Revolution zum Ausdruck bringt: *die aktive und begeisterte Unterstützung des revolutionären Werkes durch breiteste Massen der Bevölkerung.* Es scheint, daß besonders die Erfahrungen der außergewöhnlichen Mobilisierung der Massen anläßlich der „Raketen-Krise" im Oktober 1962 den Che nicht nur von der politischen, sondern auch von der *wirtschaftlichen* Überlegenheit der moralischen Anreize überzeugt hat. Eine Analyse der Arbeit des Monats Oktober, die vom Führungsrat des Industrieministeriums erstellt wurde, hat gezeigt, daß die Produktionspläne trotz der Mobilmachung und Einberufung eines Drittels oder in einigen Industriezweigen bis zur Hälfte der Arbeiter durchweg erfüllt, ja in vielen Fällen sogar überschritten wurden und daß eine Reihe von bis dato vorhandenen Problemen — wie schlechte Ertragslage, Fehlen am Arbeitsplatz usw. — vollständig verschwunden waren.[135] Es handelt sich natürlich um eine Grenzsituation, aber sie hat, wie jede derartige Situation eine *enthüllende* Rolle gespielt, indem sie etwas für das ökonomisch-soziale Verhalten der Arbeitermassen sehr Wichtiges sichtbar machte. Nach realen und konkreten Erfahrungen dieser Art wagte der Che die Hypothese aufzustellen, „daß in relativ kurzer Zeit die Entwicklung des Bewußtseins mehr zur Entwicklung der Produktion beiträgt als der materielle Anreiz".[136]

Dies ist nicht der einzige Grund, der den Che dazu bringt, dem moralischen Anreiz den Vorzug zu geben. Während das auf materiellen Anreizen beruhende System (wie das sowjetische Beispiel zeigt) zur *„Privatisierung"* und *Entpolitisierung* des Lebens der Bürger tendiert, will die wirtschaftliche Methode des Che den „Geist des Oktobers", [136*] die politische Mobilisierung und die ununterbrochene Revolution permanent machen. Er glaubt, daß das Instrument zur Mobilisierung der Massen „grundsätzlich moralischer Art" sein muß („ohne den richtigen Einsatz des materiellen Anreizes, vor allem gesellschaftlicher Art, außer acht zu lassen"),[137] und zwar deshalb, weil dieser Weg *der einzige ist, der wahrhaftig in die kommunistische Zukunft und zur Schaffung des neuen Menschen führt,* der einzige, der das revolutionäre Bewußtsein entwickelt und bildet, der einzige, der zur ideologischen Hegemonie der kommunistischen Werte führt.

Hiermit werden die Beziehungen zwischen dem ökonomischen Denken und dem revolutionären Humanismus des Che sichtbar. Das bedeutet keineswegs, daß seine ökonomischen Thesen durch einen wie auch immer gearteten moralistischen Idealismus wieder aufgehoben würden: Es handelt sich vielmehr um eine klare und realistische *dialektische Beziehung zwischen Mittel und Ziel* im historischen Prozeß des Übergangs zum Sozialismus. Diese „Dialektik ist so beschaffen, daß bestimmte Mittel nicht zum Ziel führen *können*. Ist das ganze gesellschaftliche Leben von psychologischen Antrieben und realen Erscheinungen des Kampfes um Bereicherung und des Wettlaufs um individuellen Erfolg erfüllt", hat dies zersetzende Auswirkungen auf das Klassenbewußtsein und schafft dadurch gefährliche Hindernisse auf dem Weg zum Sozialismus.[138]

Letzten Endes geht es in der kubanischen Wirtschaftsdebatte im allgemeinen und in der Diskussion über die Anreize im besonderen um *die eigentliche Bedeutung des Sozialismus*, um die tatsächliche Natur des angestrebten Zieles. Hierzu gibt es eine radikale, frappierende und leidenschaftliche Äußerung des Che vom Juli 1963, die das Problem auf den Punkt bringt: „Der ökonomische Sozialismus ohne die kommunistische Moral interessiert mich nicht. Wir kämpfen gegen das Elend, aber zugleich gegen die Entfremdung. Eines der grundsätzlichen Ziele des Marxismus ist es, das Interesse zum Verschwinden zu bringen, den Faktors ‚persönliches Interesse' und den Vorteil der psychologischen Motivation. Marx beschäftigte sich ebenso mit den wirtschaftlichen Gegebenheiten wie mit ihrer Übertragung auf den Geist. Er nannte das ‚ein Faktum des Bewußtseins'. Wenn der Kommunismus die Fakten des Bewußtseins mißachtet, kann er eine Methode der Verteilung sein, aber er ist dann keine revolutionäre Moral mehr."[139] Im Lichte dieser tiefschürfenden Konzeption vom Sozialismus als einer Gesellschaft, die sich *qualitativ* von der kapitalistischen unterscheidet, und nicht als eine verstaatlichte Nachahmung der bürgerlichen Konsumgesellschaft muß man seine Ablehnung des sowjetischen Modells des sozialistischen Aufbaus verstehen. Diese Ablehnung zeigt sich bei ihm sehr bald. René Dumont berichtet über eine Unterhaltung mit dem Che vom August 1960: „Er ist in bezug auf den wirtschaftlichen Erfolg der UdSSR sehr hart, wo, sagt er, jedermann arbeitet, sich abmüht, versucht, die Normerfüllung zu überschreiten, aber um mehr zu verdienen. Er kann im Sowjetmenschen keine wirklich neue Menschheit entdecken, denn für ihn unterscheidet sich dieser Mensch nicht grundsätzlich vom Yankee. Er weigert sich, an dem Aufbau einer zweiten nordamerikanischen Gesellschaft teilzunehmen, selbst wenn in ihr alles dem Staat gehört."[140] Und weil seine Kritik an diesem Modell *von links* kommt, ist sie von den „Orthodoxen" rasch der „trotzkistischen Ketzerei" verdächtigt worden. Der Bericht, den er im Jahre 1964 (vor seinen Genossen des Industrieministeriums) über Diskussionen gab, die er in Moskau mit sowjetischen Studenten geführt hatte, ist in dieser Hinsicht besonders erhellend. Der Che, der interessierte Studenten zu einer Diskussion in die kubanische Botschaft eingeladen hatte, eröffnete in deren Gegenwart eine regelrechte Attacke gegen das System der finanziellen Autonomie der Betriebe und war erstaunt über die Aufgeschlossenheit seines Publikums: „Ich habe niemals zuvor eine Zuhörerschaft angetroffen, die aufmerksamer gewesen wäre, größere Anteilnahme gezeigt hätte, meine Argumente schneller verstanden hätte." Ein Teil der Studenten, für die zum Bedauern des Che nicht *Das Kapital* sondern das *Handbuch* (der Akademie der Wissenschaften) die Bibel war, attackierte ihn allerding mit dem Vorwurf des „Trotzkismus". Indem er diese Einstufung höflich zurückwies, gab Guevara folgende Überlegung zu bedenken: „Hierzu denke ich, entweder sind wir in der Lage, die gegnerische Meinung mit Argumenten zu zerstören, oder wir müssen sie sich frei äußern lassen. (...) *Man kann eine Meinung nicht mit Gewalt zerstören, weil dies die freie Entfaltung der Intelligenz blockiert. Auch von Trotzkis Denken kann man eine Reihe von Elementen übernehmen,* auch wenn er meiner Meinung nach sich in seinen grundsätzlichen Vorstellungen geirrt hat und sein späteres Handeln fehlerhaft war."[141] Interessanterweise verurteilte der Che in einem Interview mit dem amerikanischen Soziologen M. Zeitlin ausdrücklich die Zerstörung der Druckplatten von Trotzkis *Die Permanente Revolution* (kubanische Trotzkisten wollten das Buch drucken lassen): „Das war ein Irrtum eines unteren Beamten. (...) Das hätte nicht passieren dürfen."[142] Diese Bemerkung ist sehr wichtig: wegen der kategorischen Bekräftigung des Prinzips der demokratischen Diskussion innerhalb der kommunistischen Bewegung, wegen der Verurteilung der blutigen Säuberungen stalinistischer Art und wegen der Durchbrechung des sakrosankten antitrotzkistischen Tabus (was mindestens seit 1927 von Seiten eines an der Macht befindlichen kommunistischen Führers beispiellos ist!). Im übrigen ist es bekannt, daß Trotzkis *Geschichte der russischen Revolution* eines der Bücher war, das der Che in die bolivianischen Berge mitnahm, wo es im August 1967 von der Armee in einem Versteck der Guerilla entdeckt worden ist.[143]

5. Freiwillige Arbeit und Kommunismus

Das Problem der Rolle, des Statuts und der Bedeutung der freiwilligen Arbeit steht ganz offensichtlich in enger Beziehung zur Debatte über die Anreize. Als Arbeit, die nicht bezahlt wird, die von den bewußtesten Arbeitern freiwillig geleistet wird, ist sie das konkrete (und charakteristischste) Ergebnis politisch-moralischer Motivation.

In diesem Sinne ist es für Che nicht nur vom wirtschaftlichen Standpunkt aus — man weiß, wie *entscheidend* diese freiwillige Arbeit auf Kuba für das Gelingen der Zuckerrohrernte manchmal war — wichtig, sondern auch und vor allem als ein das Bewußtsein der Arbeiter entwickelnder Faktor und *als tägliche praktische Schule politischer Selbsterziehung*, die den Übergang zur kommunistischen Gesellschaft vorbereitet und beschleunigt.[144] Die freiwillige Arbeit kann diese wichtige Rolle spielen, weil:

— sie eine wirkliche Verbindung zwischen Hand- und Kopfarbeit darstellt und ein erster Schritt zum Abbau der sie traditionell trennenden Barriere;

— es eine „angenehme soziale Arbeit" ist (und sein soll), „die mit Freunden erfüllt wird, zum Klang revolutionärer Lieder inmitten einer brüderlichen Kameradschaft, inmitten von menschlichen Beziehungen, die jeden einzelnen stärken und jeden einzelnen weiterentwickeln."[145] Der Che ist sich darüber im klaren, daß es um etwas geht, was man aufbauen muß, was sich nicht sofort erreichen läßt, und er gesteht, daß er sich manchmal beim freiwilligen Einsatz zur Zuckerrohrernte tödlich gelangweilt habe...;

— es eine *bewußte* Teilnahme der Arbeiter am Aufbau des Sozialismus bedeutet. Es ist also eine *nicht entfremdete*, eine freie Arbeit, insoweit sie wirklich *freiwillig*, d.h. ein von *innen kommender Entschluß* ist, nicht einer, der von außen, von der sozialen Umgebung herrührt: „Die Umgebung muß dem Menschen helfen, diese Notwendigkeit in sich selbst zu empfinden, aber wenn es nur von der Umgebung kommt, wenn es nur der moralische Druck ist, der ihn treibt, dann bleibt die Entfremdung der Person auch bei der freiwilligen Arbeit bestehen; d.h. der Menschen verwirklicht nicht etwas eigenes, etwas Neues, das in Freiheit geleistet wird."[146]

In diesem Sinne enthält die freiwillige Arbeit im Keim schon die künftige kommunistische Arbeit. In der kommunistischen Gesellschaft gewinnt die Arbeit eine neue Qualität: Sie hört auf, eine von außen kommende Notwendigkeit zu sein, sie wird zum inneren Bedürfnis, einem vitalen Bedürfnis, Ausdruck menschlicher Kreativität. Die Arbeit wird *Kunst, Spiel,* schöpferisches Vergnügen, „ständige und doch stets wechselnde Quelle neuer Emotionen". Im Kommunismus beginnt der Mensch, „sich in seinem Werk wiederzuerkennen und seine menschliche Größe durch den geschaffenen Gegenstand, durch die geleistete Arbeit zu begreifen." Damit bestätigt er die marxistische These, wonach „der Mensch erst dann seine wirklich menschliche Bestimmung erfüllt, wenn er ohne den Zwang der physischen Notwendigkeit, sich als Ware verkaufen zu müssen, arbeitet."[147]

Die Thesen des Che über die freiwillige Arbeit und ihre Bedeutung für die Entwicklung des neuen Menschen enthüllen keineswegs eine „voluntaristische", „utopistische", dem Marxismus fremde Fragestellung (wie einige seiner „materialistischen" Kritiker behauptet haben), sondern stehen in einer authentisch *leninistischen* Tradition. In einer 1919 erschienenen Broschüre schrieb Lenin, indem er die von Arbeitern auf eigene Initiative organisierten „kommunistischen Samstage" begrüßte: „Es ist das der Anfang einer Umwälzung, die schwieriger, wesentlicher, radikaler, entscheidender ist als der Sturz der Bourgeoisie, denn das ist ein Sieg über die eigene Trägheit, über die eigene Undiszipliniertheit, über den kleinbürgerlichen Egoismus, über diese Gewohnheiten, die der fluchbeladene Kapitalismus dem Arbeiter und Bauern als Erbe hinterlassen hat."[148]

Wir wollen zum Abschluß dieses Kapitels noch anfügen, daß die ökonomischen Thesen des Che von der kubanischen Regierung weitgehend übernommen wurden. Schon in seiner Rede vom 28. September 1966 sprach Fidel sich ausdrücklich für die Priorität der moralischen Anreize aus. Ein Jahr später, im September 1967, erklärte er gegenüber K. S. Karol: „Ich bin gegen die materiellen Anreize, weil sie nach meiner Meinung mit dem Sozialismus nicht zu vereinbaren sind. Wir wollen das Geld entmystifizieren und nicht rehabilitieren. Wir schlagen sogar vor, es ganz abzuschaffen. (...) Das Wertgesetz hat seinen Sinn in der kapitalistischen Gesellschaft, wo die Wirtschaft auf dem Profit fußt. In der sozialistischen Gesellschaft hat es keinen Sinn. Wir, die wir uns in einer Zeit des Übergangs zum Sozialismus befinden, haben überhaupt keinen Grund, uns nach den ökonomischen Gesetzen des Kapitalismus zu richten, als sei es unser Ziel, das alte System nur wirkungsvoller zu verwalten. Wir haben diese Frage lange diskutiert, und wir haben beschlossen, uns so schnell wie möglich von der Knechtschaft des Marktes zu befreien. Unsere Planung muß auf ‚Wert-Arbeit' und nicht auf trügerischen Rentabilitäts- oder Profitberechnungen beruhen. Wir werden schon jetzt dazu übergehen, jede finanzielle Verrechnung des Austausches zwischen den sozialistischen Betrieben abzuschaffen.“[149]

III.
Der revolutionäre Krieg

Einleitung

Ernesto Che Guevara ist durchaus kein verträumter Moralist, kein von der Wirklichkeit losgelöster Utopist. Sein menschliches und solidarisches Ideal einer wirklich kommunistischen Gesellschaft (das wir bisher untersucht haben) ist begleitet von einer scharfsinnigen, konkreten und realistischen Analyse der sozioökonomischen und militärischen Lage Lateinamerikas (und der anderen vom Imperialismus ausgebeuteten Kontinente). Seine kompromißlose und stetige Bejahung der Methode des bewaffneten Kampfes ergibt sich geradewegs aus dieser Analyse: die neue Gesellschaft kann sich nur über den Ruinen der alten Welt erheben, der Welt der Ungerechtigkeit und der Ausbeutung, der Unterdrückung und der Lüge, die Welt der Generäle und Bankiers, der Latifundisten und der Polizisten, der CIA und der United Fruit Company. Die Soziologie der Revolution des Che stellt etwas radikal Neues dar in bezug auf die Konzeptionen, die innerhalb der marxistischen Linken Lateinamerikas von 1935 bis 1959 hegemonial waren. (Sie knüpft dagegen zu einem gewissen Grad wieder an die erste Periode des lateinamerikanischen Marxismus an, die Periode der „großen Altväter" Mella, Ponce und Mariátegui.) Die Geschichte der kommunistischen Parteien Lateinamerikas dieser Periode — trotz der Ergebenheit, des Mutes und der Opferbereitschaft zahlreicher Generationen von Kämpfern — ist voll von immer neuen Niederlagen. Zweifellos ist einer der Gründe dieser „permanenten Niederlage" das falsche Verständnis, welche diese Parteien vom revolutionären Prozeß auf diesem Kontinent hatten, ein Verständnis, das auf der menschewistisch-stalinistischen Theorie der „Revolution in Etappen" beruhte.

Von einigen wenigen (lokalen oder zeitlich begrenzten) Varianten abgesehen, war folgendes Schema ausdrücklich oder implizit die Grundlage der Strategie der lateinamerikanischen Parteien von 1935 bis heute und insbesondere ab 1955:

1. Die lateinamerikanischen Länder sind wirtschaftlich unterentwickelte, halbfeudale, vom Imperialismus beherrschte Länder, der Hauptwiderspruch ist der zwischen der Nation und dem ausländischen Kapital (und seinen inländischen Partnern). Dieser Widerspruch bringt das Volk im Bündnis mit der fortschrittlichen

nationalen Bourgeoisie, die an einer unabhängigen nationalen Entwicklung, an der Industrialisierung und an der Entfaltung des inneren Marktes interessiert ist, in Gegnerschaft zum nordamerikanischen Imperialismus und seinen Partnern, den Großgrundbesitzern (den feudalistischen Latifundisten).

2. Daher ist die Bildung einer national-demokratischen Front der Klassen des Volkes (Arbeiter und Bauern), des nationalistischen Kleinbürgertums und der fortschrittlichen Bourgeoisie erforderlich, deren politischer Ausdruck gewöhnlich das Wahlbündnis zwischen der Kommunistischen Partei und den als „patriotisch" eingestuften bürgerlichen Parteien ist.

3. Die lateinamerikanische Revolution befindet sich also in ihrer demokratischen (bürgerlichen) Etappe und sie muß durch die Errichtung einer sich auf die Volksmassen stützenden national-demokratischen Regierung vollendet werden. *A priori* gibt es keinen Grund dafür, daß diese Regierung die Macht nicht aufgrund von Wahlen oder durch einen Putsch nationalistischer Militärs übernehmen kann.

4. Die wichtigsten Aufgaben dieser national-demokratischen Revolution sind die Agrarreform, die Enteignung der großen ausländischen Trusts, die Legalisierung der Arbeiterparteien und eine unabhängige (neutralistische) Außenpolitik.

5. Der Klassenkampf zwischen dem Proletariat und der Bourgeoisie ist in der gegenwärtigen Etappe der Revolution ein zweitrangiger Widerspruch. Er wird erst in der sozialistischen Etappe, die in einer mehr oder weniger fernen Zukunft liegt, zum Hauptwiderspruch.

Es ist klar, daß der bewaffnete Kampf und die bäuerliche Guerilla in einer solchen Betrachtungsweise keinen Platz haben. Sie blieben völlig außerhalb des Blickfeldes dieser Konzeption, die in vielerlei Hinsicht der von den Menschewiki vor der Oktoberrevolution eingenommenen Position gleicht. Hier ein typisches Beispiel dieser Strategie: die „Selbstkritik" von Luis Carlos Prestes (dem Generalsekretär der brasilianischen KP) vom Juni 1959. Einige Monate nach dem Sieg der kubanischen Revolution und am Vorabend eines Jahrzehnts der Verschärfung des Klassenkampfes auf dem Kontinent und besonders in Brasilien schrieb dieser Doktor Pangloss* des „offiziellen Marxismus": „Wir haben gese-

* *Docteur Pangloss* — Figur aus Voltaires philosophischem Roman *Candide ou l'Optimiste* (1759), der als sein Meisterwerk gilt, und das als Karikatur auf das Denken von Gottfried Wilhelm Freiherr von Leibniz und Christian Freiherr von Wolff

hen, daß der Widerspruch, der sich als Ergebnis der wirtschaftlichen Entwicklung des Landes immer mehr verschärft, derjenige war, der die brasilianische Nation in Opposition zum amerikanischen Imperialismus und seinen einheimischen Agenten brachte. Dieser Widerspruch war der hauptsächliche und vorherrschende geworden, er bestimmte den Prozeß der Veränderung in bezug auf die Anordnung der gesellschaftlichen Kräfte. Die Bedingungen zur Vereinigung breiter Kräfte gegen den amerikanischen Imperialismus, den Hauptfeind der Nation, wurden immer günstiger. Objektiv häuften sich die Faktoren, die zur Bildung einer Einheitsfront gegen den amerikanischen Imperialismus und seine einheimischen Agenten führen, eine Front, die das Proletariat, die Bauern, das städtische Kleinbürgertum, *die Bourgeoisie, die Latifundisten, die Interessengegensätze mit dem nordamerikanischen Imperialismus haben, und die Kapitalisten, die mit solchen imperialistischen Gruppen verbunden sind, welche mit den nordamerikanischen Monopolen rivalisieren*, zusammenschließen kann. (...)

Wir sind nicht fähig gewesen, bei der historisch-universellen Erfahrung der Großen Sozialistischen Oktoberrevolution die wesentlichen Züge, die für alle Länder gültig sind, zu unterscheiden von den besonderen und einmaligen Aspekten, deren Wiederholung außerhalb Rußlands nicht zwingend ist. Deshalb haben wir den bewaffneten Kampf als den für die brasilianische Revolution allein gangbaren Weg gehalten, ohne zu erkennen, daß *durch die neuen Bedingungen in unserem Land und in der Welt die reale Möglichkeit eines anderen Weges entstanden war: den der friedlichen Entwicklung*". (Hervorhebung von uns, M.L.)[150]

verstanden wurde. Pangloss ist der deutsche Hauslehrer des gutgläubigen Candide; die schlimmsten Katastrophen hindern ihn nicht an der wiederholten Erklärung: „Tout est pour le mieux dans le meilleur des mondes." (Alles steht zum Besten in der besten aller Welten.)

1. Soziologie der Revolution

a) Die nationale Bourgeoisie

Die Skepsis des Che in bezug auf eine „revolutionäre Bourgeoisie" in Lateinamerika hat seine primäre Quelle in den Erfahrungen, die er bei zahlreichen Reisen in der Zeit von 1951 bis 1956 auf dem Kontinent gemacht hat. Es scheint, daß er nicht besonders positiv von dem beeindruckt war, was er im „national-revolutionären" Bolivien von 1953 gesehen hat. Nach dem Zeugnis seines ehemaligen argentinischen Freundes Ricardo Rojo, den er in La Paz kennengelernt hatte, gab der Che hierzu folgenden bissigen (aber klarsichtigen!) Kommentar: „Dieser Paz Estensoro ist nichts weiter als ein Reformist, der die Indios mit DDT bestäubt, damit sie ihre Läuse loswerden, aber er löst nicht das wesentliche Problem, die Ursache der Läuse. (...) Eine Revolution, die nicht bis zu den letzten Konsequenzen geht, ist verloren."[151]

Aber natürlich ist es vor allem die kubanische Erfahrung, die ihm mit kartesianischer und didaktischer Klarheit zeigt, welche Rolle die „einheimische" Bourgeoisie spielt: sie gerät angesichts einer Revolution in Panik, die eine radikale Agrarreform und die Enteignung der imperialistischen Monopole in Angriff nimmt (d.h. die klassischen Aufgaben einer demokratisch-nationalen Revolution, und schließt sich am Ende der Konterrevolution an.

So findet man also in den Schriften des Che eine scharfsinnige und illusionslose Auffassung des Standorts und der Rolle dieser lateinamerikanischen nationalen Bourgeoisie, und er hebt ihr politisch-soziales Bündnis mit den Großgrundbesitzern hervor, die in den meisten Ländern des Kontinents die *herrschende Oligarchie* bilden, und ihre engen wirtschaftlichen, politischen, ideologischen und (*last but not least*) militärischen Bindungen an den amerikanischen Imperialismus.[152]

Das besagt nicht, daß es zwischen dieser einheimischen Bourgeoisie und den großen nordamerikanischen Trusts keine zweitrangigen Interessengegensätze geben kann. Aber letzten Endes fürchtet sie die Revolution des Volkes mehr als die despotische Unterdrückung durch die ausländischen Monopole, die die Wirtschaft kolonialisieren. Aus diesem Grunde zögert „die Großbourgeoisie (...) nicht, sich mit dem Imperialismus und dem Latifundismus zu verbünden, um gegen das Volk zu kämpfen und der Revolution den Weg zu versperren.“[153] Diese Analyse des Verhaltens der lateinamerikanischen Bourgeoisie gleicht in erstaunlicher Weise jener Analyse, die Marx im Jahre 1844 in bezug auf die deutsche Bourgeoisie erstellte, die bereits konservativ war, als sie revolutionär hätte sein müssen, die furchtsam war, als sie hätte kühn sein müssen und die mehr Angst vor dem Volk hatte als vor der feudalen Monarchie, die sie hätte bekämpfen müssen; eine Analyse, die im übrigen durch die Geschehnisse der deutschen Revolution von 1848 in glänzender Weise bestätigt wurde.[154]

Guevara hatte vollkommen verstanden, daß ein lateinamerikanisches 1789 unmöglich geworden war: Im Zeitalter der sozialistischen Revolution und des weltweiten Niedergangs des Imperialismus können die zu spät auf der welthistorischen Bühne erschienenen Bourgeoisien nur noch eine grundlegende konservative Kraft sein. Das ist in Lateinamerika nach der kubanischen Revolution, die das Lager des Klassenkampfes polarisiert hat, besonders offensichtlich geworden: „Die kubanische Revolution hat die Alarmglocken geläutet. (...) Die nationalen Bourgeoisien haben sich in ihrer großen Mehrheit mit dem nordamerikanischen Imperialismus vereinigt und müssen dasselbe Schicksal wie jener im jeweiligen Land erleiden. (...) Die Polarisierung der antagonistischen Kräfte von Klassengegnern erfolgt bis jetzt viel schneller als die Entwicklung der Widersprüche zwischen Ausbeutern bei der Teilung der Beute. Die Lager sind zwei: Die Alternative wird klarer für jedes Individuum und für jede besondere Bevölkerungsschicht.“[155]

Der Che ist also im Gegensatz zu der Strategie, die von den kommunistischen Parteien vertreten wird, davon überzeugt, daß die Kräfte des Volks überhaupt kein Interesse daran haben, „mit den bürgerlichen gottesfürchtigen Verrätern (zusammenzuarbeiten), die die Kräfte zerstören, auf die sie sich gestützt haben, um an die Macht zu kommen“.[156] Im übrigen neigt er immer mehr dazu, dieser Diagnose nicht nur nationale, sondern internationale Bedeutung beizumessen, indem er ein Phänomen, konstatiert, das er ironisch „Südamerikanisierung“ der halbkolonialen Länder Afrikas und Asiens nennt, d.h. die zunehmende Entwicklung einer parasitären Bourgeoisie, die im Schatten des imperialistischen Kapitals enorme Profite einstreicht.[157]

Es ist sehr wahrscheinlich, daß der Che die heftige Anklage kannte und sich zu eigen machte, die Franz Fanon in *Die Ver-*

dammten dieser Erde (ein Buch, das in Kuba auf Ches ausdrücklichen Wunsch veröffentlicht worden ist) gegen die Korruption der afrikanischen neuen bürokratischen Bourgeoisie erhoben hat.[158] Es gibt übrigens noch mehrere andere Themen, wo man eine bemerkenswerte Ähnlichkeit zwischen dem Denken von Fanon und von Guevara findet: die revolutionäre Rolle der Bauern, die Bedeutung der Gewalt der Unterdrückten, die antiimperialistische Einheit der Dritten Welt, die Suche nach einem neuen Modell des Sozialismus usw. Der Che brachte dem Werk von Fanon sehr großes Interesse entgegen, und er hat sich darüber mit dessen Witwe Josie Fanon in Algier lange unterhalten.[159] Es ist sogar möglich, daß die Lektüre von Fanons Buch mit einer der Faktoren war, die ihn in den Jahren 1965/66 die Teilnahme am bewaffneten Kampf in Afrika in Erwägung ziehen ließ.

b) Der sozialistische Charakter der Revolution

Wenn es keine revolutionäre Bourgeoisie gibt, kann es schwerlich eine bürgerliche Revolution geben: Die Definition des Charakters der lateinamerikanischen Revolution ist für den Che eng mit seiner Analyse der Rolle der Bourgeoisie verbunden. Nur eine sozialistische Revolution, die von dem Bündnis der Arbeiter und Bauern getragen wird, kann die demokratischen Aufgaben der lateinamerikanischen Revolution durchführen: Agrarreform, nationale Befreiung, Überwindung der Unterentwicklung. Aber sie wird diese Ziele nicht auf dem Weg einer bürgerlichen Revolution, sondern mit eigenen, mit sozialistischen Methoden, verbunden mit den eigentlich sozialistischen Aufgaben, erreichen: Petrograd 1917-19, Kuba 1959-61...

Der Che und einige Guerrillaführer hatten anscheinend schon in der Sierra eine (noch vage und bruchstückhafte) Vorstellung von der sozialistischen Entwicklung ihrer Revolution: Für die meisten und die Besten wurde es zur „ureigenste(n) Überzeugung, daß eine Agrarreform und *tiefe, vollständige Veränderungen in der sozialen Struktur* unbedingt herbeigeführt werden mußten".[160] Die Radikalisierung der Revolution nach der Übernahme der Macht im Jahre 1959 vollzog sich nach einer Regel, die der Che von Grund auf kannte: „Eine Revolution, die sich nicht ständig vertieft, ist eine zurückgehende Revolution."[161] Bereits im *April 1959* sprach der Che (in einem Interview mit chinesischen Journalisten) von einer *„ununterbrochenen Entwicklung der Revolution“* und von der Notwendigkeit, eine neue „Gesellschaftsordnung“ zu schaffen und die Grundlagen der Wirtschaft reformieren.[162] Diese Radikalisierung vollzog sich zunächst in Form der Agrarreform, die sich nach der Meinung des Che von den drei anderen großen Agrarreformen Amerikas (in Mexiko, Guatemala, Bolivien) durch den unerschütterlichen Willen unterscheidet, *sie „ohne Winkelzüge oder Konzessionen bis zu Ende“ zu verwirklichen.*[163] Die Radikalisierung zeigte sich dann in den anderen revolutionären Gesetzen —urbane Reform, Enteignung der ausländischen Monopole, Enteignung der kubanischen Großbourgeoisie — Gesetzen, deren „logische Verkettung (...) uns Schritt um Schritt und zwangsläufig vom ersten bis zum letzten (bisher angenommenen Gesetz) führt“.[164] Diese (zugleich ökonomische, soziale und politische) Logik ist genau die Logik der „permanenten Revolution“, die von den demokratischen zu den sozialistischen Aufgaben führt, vom Kampf gegen den Imperialismus und Latifundisten zum Kampf gegen deren bürgerliche Verbündete, vom Sturz Batistas am 1. Januar 1959 zur Proklamation der sozialistischen Revolution am 1. Mai 1961.

Dieses „Hinüberwachsen“ der kubanischen Revolution von der radikaldemokratischen zur sozialistischen Revolution schafft unlösbare methodologische Probleme für die mechanistische und menschewisierende Konzeption der traditionellen lateinamerikanischen Linksparteien, für welche die Unterentwicklung und der halbfeudale und halbkoloniale Charakter der Wirtschaft die Revolution auf die „national-demokratische Etappe“ beschränkte.

Für den Che wäre nichts lächerlicher als „wie die Theoretiker der II. Internationale (zu) erklären, Cuba habe sämtliche Gesetze der Dialektik, des historischen Materialismus und des Marxismus gebrochen“. Gegen eine derartige neo-kautskyanische Auffassung (oder besser gesagt, Stümperei) beruft sich der Che ausdrücklich auf Lenin (dessen berühmte Polemik gegen den menschewistischen Historiker Suchanow er zitiert), um das Problem richtig darzustellen: *Kuba ist eines der schwächsten Kettenglieder des kapitalistischen Weltsystems gewesen.* Aus diesem Grunde konnten die revolutionären Kräfte Kubas einige Etappen überspringen und den sozialistischen Charakter der Revolution erklären. Die vom Marxismus-Leninismus beeinflußte revolutionäre Vorhut war fähig, „im Rahmen des objektiv Möglichen“ „den Lauf der Ereignisse zu forcieren“.[165]

Kann das, was sich in Kuba als richtig erwiesen hat, nicht auch für den ganzen Kontinent gelten? Anders ausgedrückt, steht die Revolution nicht in ganz Lateinamerika auf der Tagesordnung? Ab 1961 bewegte sich das Denken des Che auf diese Schlußfolgerung zu, und in seiner „Botschaft an die Argentinier" vom Mai 1962 spricht er bereits ausdrücklich von der sozialistischen Revolution als einzig wirklicher Lösung für Argentinien und für den ganzen Kontinent.[166] Im Jahre 1963 zeigt er in „Der Guerillakrieg — eine Methode" die Verbindung zwischen der wachsenden sozialen Polarisierung in Lateinamerika und dem Charakter der sich am Horizont abzeichnenden Revolution: Der wachsende Widerspruch zwischen Ausbeutern und Ausgebeuteten bedeutet, „daß im Moment der Eroberung der Macht durch die bewaffnete Avantgarde des Volkes das Land oder die Länder, denen sie gelingt, in der Gestalt der Unterdrückers gleichzeitig die Imperialisten und die einheimischen Ausbeuter liquidiert haben werden. Die erste Etappe der sozialistischen Revolution wird herauskristallisiert sein; die Völker werden bereit sein, ihre Wunden zu pflegen und den Aufbau des Sozialismus in Angriff zu nehmen."[167] Schließlich stellt der Che in seinem „politischen Testament", dem Brief an die Tricontinentale, die Frage in ganz klaren, schneidenden und radikalen Worten und läßt dabei all die schillernden und leeren Seifenblasen des lateinamerikanischen National-Reformismus platzen: Die „tatsächliche Befreiung der Völker (...) (wird) in Amerika fast unfehlbar die Eigenschaft besitzen, in eine sozialistische Revolution umzuschlagen." Die „einheimischen Bourgeoisien (haben) vollkommen die Fähigkeit verloren, dem Imperialismus Paroli zu bieten — wenn sie dazu überhaupt jemals in der Lage waren — und bilden lediglich dessen Schlußlicht. Es gibt keine anderen Alternativen mehr als *entweder die sozialistische Revolution* zu machen *oder die Karikatur der Revolution.*"[168]

Mit dieser Stellungnahme, die sich in die politische Linie von Lenins April-Thesen und Trotzkis Theorie der permanenten Revolution einreiht,[169] hat der Che die Bilanz der historischen Erfahrungen der Massenkämpfe auf dem Kontinent und zugleich eine scharfsinnige Vorschau auf die Möglichkeit seiner befreiten Zukunft in einer kühnen, korrosiven und explosiven Formulierung zusammengefaßt.

Wie weit hat diese Formulierung auch für die anderen Kontinente der Dritten Welt Gültigkeit? Der Che hat diesbezüglich kein endgültiges Urteil abgegeben, aber in einem Interview, das er im März 1965 in Algier gegeben hat erklärte er ausdrücklich: „Sozialismus oder Neokolonialismus, darum geht es für ganz Afrika in dem Kampf, der sich gegenwärtig im Kongo abspielt."[170] Im übrigen ist bekannt geworden, daß der Che im Jahre 1965 oder 1966 an der Seite der von Gaston Soumialot befehligten Guerilleros im Kongo gekämpft hat.

2. Die Guerilla

a) Unausweichlichkeit des bewaffneten Kampfes

„Verbrecherisch handelt, wer in einem Land einen vermeidbaren Krieg vorbereitet und wer einen unvermeidbaren Krieg vorzubereiten unterläßt."[171] Dieser Ausspruch von Marti, den der Che in seinem Essay „Der Guerillakrieg — eine Methode" zitiert, drückt seine tiefe und unerschütterliche Überzeugung aus, daß nur der Weg der Waffen zur Emanzipation der unterdrückten Völker Lateinamerikas (und der ganzen Welt) führen kann.

Warum? Guevara pflegt keinen romantischen Kult der Waffen oder eine Nostalgie in bezug auf die Zeit in der Sierra Maestra. Das Prinzip der Unvermeidlichkeit des bewaffneten Kampfes ergibt sich bei ihm exakt aus der Soziologie der Revolution: Weil die Revolution eine sozialistische ist, kann sie nur durch den revolutionären Krieg zum Sieg gelangen. „In Amerika (wird) der Weg zur Befreiung der Völker, der Weg zum Sozialismus, in fast allen Ländern mit der Waffe geebnet".[172] Wenn die Revolution in Lateinamerika nur „national-demokratisch" wäre, könnte sie in der Tat mit der Unterstützung von Teilen der Bourgeoisie, Sektoren des Staatsapparates und vor allem eines Teils der Armee rechnen; sie könnte also mit Hilfe von Wahlen oder eines Militärputsch durchgeführt werden. Es war also von Seiten der traditionellen Linksparteien, die nur auf eine bürgerlich-demokratische Revolution setzten, durchaus folgerichtig, Wahlbündnisse oder militärische Verschwörungen als die realistischste Strategie zu betrachten; aus ihrer Sicht kann die Auslösung des bewaffneten Kampfes durch die revolutionäre Vorhut tatsächlich nur als unsinniges „Abenteurertum" erscheinen.

Umgekehrt schafft die Definition des Charakters der Revolution als sozialistisch *eine ganz andere Problemstellung*, nämlich die *leninistische der Zerstörung des militärisch-bürokratischen Appa-*

rats des bürgerlichen Staates. „Wie kann der Repressionsapparat des oligarchischen Staates zerschlagen werden?" Diese Frage beherrscht die gesamte politisch-militärische Doktrin des Che. Weil er eine sozialistische Revolution anstrebt, weiß er genau, daß *„die Niederlage und die Liquidierung der Armee"*, ihre „Zerbrechen", ihre „Zerstückelung", ihre „Vernichtung" und ihre moralische Zerstörung eine *notwendige* und *unerläßliche* Bedingung dieser Revolution sind.[173]

Die ironische Skepsis des Che gegenüber dem „friedlichen Weg" kommt nicht von irgendeinem Dogma, sondern sie stammt aus einer objektiven und realistischen Feststellung: Selbst wenn eine echte Volksbewegung (d.h. eine sozialistische) über Wahlen die Macht erringen könnte — eine angesichts der betrügerischen Manipulationen äußerst unwahrscheinliche Möglichkeit — würde eine solche Regierung sehr bald durch einen mehr oder weniger blutigen Militärputsch gestürzt werden, da die Armee seit jeher der letzte und entscheidende Garant des kapitalistischen Regimes ist. Der Che kommt also durch eine Analyse der jüngsten Geschichte Lateinamerikas zur gleichen Schlußfolgerung wie Marx und Lenin durch die Erfahrung der Pariser Kommune und der russischen Revolution: die Revolution der Arbeiter muß die politisch-militärische Maschinerie der Bourgeoisie zerschlagen. Der Che hat diesen Grundsatz nicht allein durch das Studium der Klassiker des Marxismus gelernt, sondern auch durch seine bittere persönliche Erfahrung in Guatemala, das im Jahre 1954 von seiner Armee verraten wurde, die das Land den Söldnern der *United Fruit* auslieferte, und im Gegensatz dazu, durch die begeisternde Erfahrung in Kuba, wo die Revolution die reaktionäre Armee Batistas besiegt und völlig aufgelöst hat.[174]

Das Problem der Armee ist in Lateinamerika, wo der Militärputsch wie eine ansteckende Krankheit wütet, ein politisches Kernproblem. Der Che nannte die lateinamerikanische Armee schonungslos eine parasitäre und privilegierte Kaste, „den sichtbaren Kopf der Ausbeuter jeder Art", und er hegte keinerlei Illusionen hinsichtlich ihrer „fortschrittlichen" Tugenden: „Wir lenken die Aufmerksamkeit hauptsächlich auf das (...) Manöver des Militärputschs. Was können die Militärs für die wahre Demokratie tun? Welche Loyalität kann man von ihnen erwarten, wenn sie bloße Herrschaftsinstrumente der reaktionären Klassen und der imperialistischen Monopole sind und wenn sie als eine Kaste, die so viel wert ist, als sie Waffen besitzt, lediglich nach der

Aufrechterhaltung ihrer Macht streben?"[175] Das bedeutet natürlich nicht, daß der Che der Meinung ist, die Volkskräfte seien nicht imstande, Militärs als individuelle, von ihrem sozialen Milieu losgelöste Kämpfer in ihre Reihen aufzunehmen.

Folglich stellt sich die Frage der Armee für ihn schlicht so: „Nimmt man als Wahrheit an, daß der Feind kämpfen wird, um seine Macht zu behaupten, dann muß man daran denken, das Heer des Unterdrückers zu zerstören". Um es aber zu zerstören, *muß man ihm eine Volksarmee entgegenstellen.*[176] Hier ist noch hinzuzufügen, daß ihm nach 1965, nach der amerikanischen Intervention gegen die Dominikanische Republik der langandauernde Volkskrieg wie selbstverständlich als der einzig mögliche Weg erschien, um nicht nur die Militärmaschine der einheimischen Oligarchie zu zerstören, sondern auch der bewaffneten Intervention des Imperialismus begegnen zu können. In diesem Zusammenhang muß man die Rolle verstehen, die der Guerillakrieg für den Che als erprobte und dynamische Methode zur Schaffung einer revolutionären Volksarmee spielte. Wir werden auf den folgenden Seiten versuchen, einige politische Implikationen der guevaristischen Guerillatheorie darzustellen, die zutiefst „clausewitzisch" ist, weil sie die Guerilla als *die Fortsetzung der revolutionären Politik mit Waffen* begreift.

b) Warum die Guerilla?

Aus welchen Quellen stammt die Guerillatheorie des Che? Zunächst aus spanischen (Spanien ist das Ursprungsland der modernen Guerilla): In Mexiko hat er im Jahre 1955 Schriften über die Militärstrategie im spanischen Bürgerkrieg gelesen und war er einer der besten Schüler des ehemaligen Offiziers der republikanischen Armee Armando Bayo, der die kubanischen Guerilleros vor ihrem Aufbruch [nach Kuba] ausgebildet hat. Die „klassischen" Schriften von Mao Tse-tung hat er erst später, 1958 in der Sierra, entdeckt. Nach dem Sieg hat er die Erfahrungen der jugoslawischen Partisanen, der algerischen Nationalisten und der vietnamesischen Revolutionäre ausführlich studiert. Seine wichtigste Quelle ist jedoch augenscheinlich die selbst erlebte Erfahrung der kubanischen Guerilla.

Warum war die Landguerilla für den Che der sicherste und realistischste Weg zur Schaffung der Volksarmee? In seinen Schriften findet man eine Reihe von Argumenten wirtschaftlicher, sozialer, politischer und militärischer Art, um die bevorzugte Rolle zu begründen, die der Guerilla im globalen Prozeß des revolutionären Krieges zukommt.

1. Auf wirtschaftlichem Gebiet: in den unterentwickelten Ländern mit einer Agrarwirtschaft, wo die Mehrheit der Bevölkerung auf dem Lande lebt, ist die Revolution in erster Linie eine Agrarrevolution, die sich auf dem flachen Land und in den Bergen entfaltet und später in die Städte herabsteigt (wo sie zu einer sozialistischen wird).[177] Isoliert betrachtet wäre dieses Argument mechanistisch: man weiß recht gut, daß das zaristische Rußland, ein Agrarland *par excellence,* im Oktober 1917 eine städtische proletarische Revolution erlebt hat...

2. Auf sozialem Gebiet: die fürchterliche Unterdrückung und die Überausbeutung der Bauern, der Verdammten dieser Erde, die nichts zu verlieren haben, deren soziale Lage explosiv ist, und die infolgedessen „ein revolutionäres Potential von außerordentlicher Bedeutung" darstellen (Zweite Erklärung von Havanna, 4.2.1962).[178]

Bei der Analyse der Rolle der verschiedenen Schichten der Bauernschaft unterstreicht der Che, daß nicht nur das Landproletariat, sondern auch die armen Kleinbauern die soziale Basis der Landguerilla bilden.[179] Tatsächlich „kam der Soldat der sich in unser erstes Guerillaheer bäuerlichen Typs eintrat, aus jenem Teil dieser Gesellschaftsklasse, der am aggressivsten sein Verlangen nach Land zum Ausdruck brachte, das heißt, der am vollendetsten das zum Ausdruck brachte, was sich als kleinbürgerliche Einstellung taxieren läßt".[180]

3. Auf politisch-militärischem Gebiet: städtische Aufstände, eingegrenzt und zurückgedrängt auf die Grenzen der Stadt, enden gewöhnlich mit einer Niederlage der Revolutionäre und mit einem Blutbad unter der Bevölkerung. Die revolutionäre Bewegung kann sich dann nur erholen, wenn sie sich — wie in China —nach der Niederlage in der Stadt in die ländlichen Gebiete zurückzieht und den Guerillakrieg beginnt. Eine Volksarmee, die in der Lage ist, die Armee der Oligarchie zu schlagen, entsteht nicht spontan; man muß sie im Verlauf eines langandauernden Krieges schrittweise aufbauen. Ein solcher fortdauernder und auf lange Sicht angelegter Kampf kann schwerlich anderswo als auf dem Land, dem schwächsten Kettenglied der Repression, geführt werden.[181]

4. Auf dem Gebiet der militärischen Strategie: die ländlichen Gebiete sind das günstigste Gelände für den Volkskrieg; es bietet der bewaffneten Vorhut mehr Sicherheit, mehr Bewegungsspielraum, mehr Rückzugsmöglichkeiten und Schlupfwinkel außerhalb der Reichweite der Repressionskräfte, mehr Beweglichkeit in der Aktion.

Der Che scheint trotz der Anerkennung der „außerordentlich großen Bedeutung" der Stadtguerilla deren Rolle unterschätzt zu haben, indem er sie als einfaches Nebenprodukt der Landguerilla betrachtete („in Stadtrandgebieten [kann] eine Guerilla nicht im Selbstlauf entstehen") und ihre Aktionen vor allem auf Sabotage beschränkte.[182] In der jüngsten Geschichte des bewaffneten Kampfes in Lateinamerika hat die Stadtguerilla (die Tupamaros in Uruguay, verschiedene Organisationen in Brasilien, Argentinien und Guatemala) eine politisch viel bedeutendere Rolle gespielt, als der Che sie in seinen Schriften vorausgesehen hat, da er das kubanische Beispiel zu sehr verallgemeinerte.

Andererseits legen die Niederlagen und Schwierigkeiten der Landguerilla in Peru (und in Bolivien...) den Gedanken nahe, daß er die Sicherheit überschätzt hat, die die ländlichen Gebiete der bewaffneten revolutionären Vorhut im Vergleich zur Stadt bieten.

c) Die Guerilla als politischer Katalysator

Der revolutionäre Krieg kann sich nicht entfalten und siegen, wenn nicht bestimmte *objektive und subjektive Bedingungen* gegeben sind.

Die objektiven Bedingungen sind in Lateinamerika *struktureller* Art (Massenelend, Ausbeutung, Unterentwicklung, archaische gesellschaftliche Verhältnisse usw.) oder *konjunktureller* Art (Wirtschaftskrisen, Diktaturen, Fehlen legaler Möglichkeiten). In *Der Guerillakrieg* stellt der Che die konjunkturelle politische Situation der Diktatur als eine *conditio sine qua non* [notwendige Bedingung] für die Entwicklung des bewaffneten Kampfes dar. „Dort, wo ein Unterdrückerregime auf mehr oder weniger demokratischem Wege an die Macht gelangt ist (sei es sogar einmal ohne Wahlfälschungen) und wo wenigstens dem Anschein nach die verfassungsmäßige Gesetzmäßigkeit gewahrt wird, kann keine Guerillabewegung entstehen, weil die Möglichkeiten des Kampfes mit friedlichen Mitteln noch nicht ausgeschöpft sind."[183] Aber in seinen späteren Schriften neigt er dazu, dem Vorhandensein oder dem Fehlen eines legalen Anschein des an der Macht befindlichen oligarchischen Regimes weniger Bedeutung beizumessen.

Es gibt im wesentlichen zwei subjektive Bedingungen; sie sind komplementär und vertiefen sich im Lauf des Kampfes:

□ das Bewußtsein von der Notwendigkeit der revolutionären Änderung des Regimes;

□ das Bewußtsein von der Möglichkeit dieser Änderung.

Die Macht der Oligarchie beruht (unter anderem) eben auf dem Fehlen dieser Bedingungen: auf der ideologischen Entfremdung der Volksmassen und (oder) ihrer Angst vor den bewaffneten Kräften des bürgerlichen Staates.

Der Irrtum der Teilnehmer der Expedition der „Granma" im Dezember 1956, die einen strahlenden Sieg erhofften, hatte seine Ursache in ihrer Unkenntnis der Bedeutung der zweiten subjektiven Bedingung: Das kubanische Volk war sich der Notwendigkeit einer Änderung bewußt, aber es fehlte ihm die Überzeugung, daß diese Änderung möglich sei.[184]

Das heißt keineswegs, die revolutionären Parteien und ihre Führer müßten mit gekreuzten Armen warten, bis diese Bedingungen herangereift sind.

Der Che wendet sich gegen eine derartige neo-kautskyanischen Passivität (ein Erbe, das große Teile der lateinamerikanischen Linken mit sich herumschleppen), gegen „die Passivität von Revolutionären oder Pseudorevolutionären, die ihre Untätigkeit mit Geschwätz über die Unbesiegbarkeit einer regulären Armee zu rechtfertigen suchen, sowie andere, die warten möchten, bis auf mechanische Art und Weise alle notwendigen objektiven und subjektiven Bedingungen gegeben sind und ohne irgendwelche Anstrengungen zu machen, das Zustandekommen dieser Bedingungen zu beschleunigen."

Er beharrt dementgegen auf zwei wichtigen Lehren der kubanischen Revolution:

□ die Kräfte des Volkes können im Krieg gegen die Armee den Sieg davontragen;

□ man darf nicht warten, bis alle Bedingungen für den Beginn der Revolution gegeben sind; der *foco* (Herd) des Aufstandes kann solche Bedingungen selbst schaffen.[185]

Mit anderen Worten die Guerilla demaskiert durch ihre politisch-militärischen Aktionen die Herrschenden (sie zwingt sie, die Blöße ihrer gewaltsamen Diktatur zu zeigen) und sie beweist zugleich deren Verwundbarkeit, Schwäche sowie die Unbesiegbarkeit der Guerilla und die Unmöglichkeit, wirksame Strafaktionen gegen sie durchzuführen; sie schafft auf diese Weise das revolutionäre Bewußtsein und die kämpferische Begeisterung der Volksmassen und macht möglich, daß die zweite subjektive Bedingung zum Tragen kommt: die Überzeugung, daß der Sieg im Kampf gegen die Unterdrücker möglich ist.[186]

Der Che ist jedoch durchaus kein Voluntarist, er betont ausdrücklich, daß nicht *sämtliche Bedingungen für die Revolution durch den Anstoß geschaffen werden, den sie durch den* foco guerrillero *erhalten*. Damit sich der erste *foco* der Guerilla bilden und stabilisieren kann, müssen bestimmte wirtschaftliche, gesellschaftliche, politische und ideologische Bedingungen gegeben sein; durch eine konkrete Analyse der konkreten Situation muß man feststellen, wie diese Bedingungen beschaffen sind.[187]

Die Position des Che ist also genau die der marxistischen Dialektik, die sowohl den mechanistischen Materialismus (die Bedingungen bestimmen den historischen Prozeß) als auch den abstrakten Idealismus (der die Allmacht des Willens behauptet) hinter sich läßt: die Praxis der revolutionären Vorhut ist Produkt von gegebenen Bedingungen und schafft neue Bedingungen.

Durch diese Rolle im Hinblick auf das Bewußtsein der Volksmassen wirkt die Guerilla als „katalysierender Stoff", als jenes kleine äußere Element, das in einem „günstigen Milieu" Kristallisation und Polarisation hervorruft. Auf diese Weise spielt die Guerilla nicht nur in der durch ihre Aktionen betroffenen Region, sondern auch auf nationaler (oder kontinentaler!) Ebene eine entscheidende politische Rolle. Nachdem der Che in seinem bolivianischen Tagebuch am 13. Juni 1967 die politischen Zuckungen erwähnt hat, die auf die ersten Siege der Guerilla folgten, fügt er hinzu: „So klar haben sich nur selten Möglichkeiten dr Guerilla in ihrer Funktion als Katalysator abgezeichnet."[188]

Dank ihrer Wirkung als Katalysator und ihrer politisch-militärischen Aktivität kann die Guerilla allmählich die Unterstützung der Bauern gewinnen, um schließlich in den Augen der städtischen und der ländlichen Massen der bewaffnete Ausdruck ihres Klassenkampfes und eine konkrete *politische Alternative* zur etablierten Macht zu werden. Um diesen Prozeß zu verstehen, muß man die Verbindung zwischen der Guerilla und dem Volk untersuchen, zunächst die Verhältnisse auf dem Lande.

d) Die Guerilla und das Volk

Die Guerillatheorie des Che ist von Pseudo-Orthodoxen als blanquistische, bakunistische, abenteuerliche Ketzerei verurteilt worden, bei der die Illusion im Mittelpunkt stehe, daß eine kleine Schar von heldenhaften und entschlossenen Menschen die Revolution machen, die Macht ergreifen und das Volk befreien könne, und die den Kampf der Massen durch die wunderbaren Heldentaten einer Gruppe von Haudegen vom Typ der „drei Musketiere“ ersetzen wolle.

Das ist jedoch keineswegs die Konzeption des Che, in seinem „Guerilla-Handbuch“ läßt er die etymologische Bedeutung des spanischen Wortes (*guerrilla* = Kleinkrieg) nicht gelten und unterstreicht er, daß der Guerilla-Krieg nicht „ein Krieg in kleinem Maßstab, ein Krieg einer minderheitlichen Gruppe gegen eine mächtige Armee“ ist, sondern im Gegenteil *„der Krieg des ganzen Volkes gegen die herrschende Unterdrückung“*.[189] In seinem Artikel „Guerillakrieg — eine Methode“ schrieb er noch ausdrücklicher: Man pflegt „diejenigen, die den Guerillakrieg aufnehmen wollen, mit dem Argument zu kritisieren, sie vernachlässigten den Massenkampf — als ob das einander entgegengesetzte Methoden wären. Wir weisen die Anschauung, die dieser Standpunkt impliziert, zurück; der Guerillakrieg ist ein Volkskrieg, ein Massenkampf. Diese Art von Krieg ohne die Unterstützung der Bevölkerung verwirklichen zu wollen, ist der Auftakt zu einer unvermeidlichen Katastrophe. *Die Guerilleros sind die kämpferische Avantgarde des Volkes* (...). *Sie werden unterstützt durch die Bauern- und Arbeitermassen des Gebietes und des ganzen betreffenden Territoriums. Ohne diese Voraussetzungen läßt sich nicht von Guerillakrieg reden.*“[190] Das ist nicht nur die Lehre der kubanischen Revolution, sondern alles Volkskriege und insbesondere des revolutionären Krieges des vietnamesischen Volkes; er war für den Che das beste Beispiel für eine „organische“ Verbindung zwischen bewaffneter Vorhut und Volk, wobei „der Guerillakrieg nichts anderes (ist) als *der Ausdruck des Kampfes der Massen*“.[191]

Das ist natürlich auch die Lehre der chinesischen Revolution. In einem Interview vom April 1959 hat der Che gegenüber zwei Journalisten aus der Volksrepublik China darauf hingewiesen, daß er während des Guerillakrieges auf Kuba die militärischen Schriften von Mao „sorgfältig studiert“ und dabei „viel gelernt“

habe.[192] Das bezieht sich vermutlich nicht nur auf den strategischen Aspekt dieser Schriften, sondern auch auf ihren politischen Gehalt: die Analyse der Verbindungen zwischen der Guerilla und den Bauernmassen.

Das Volk (auf dem Land also die Bauern) stellt die besten Kämpfer der Guerilla, jene, die das Terrain, die Bewohner und die Gebräuche der Region kennen und an die Härten des Lebens in den Bergen gewöhnt sind. Das Volk ist, ganz allgemein, „der große Kern der Guerilla", das hinter jeder Operation steckt; es ist der unsichtbare Zuarbeiter, der den Feind beobachtet, Informationen weitergibt, die Versorgung sicherstellt, den Kämpfern seine wirksame Unterstützung zukommen läßt, Helfershelfer stellt und seinen großherzigen Schutz gewährt.[193]

Die Bauernmassen spielen diese entscheidende Rolle nur, insofern sie in der Guerilla einen Ausdruck ihres eigenen Klassenkampfes sehen. Deshalb muß die bewaffnete Aktion des Guerillero ein Echo des sozialen Protestes des Volkes gegen seine Unterdrücker und ein Echo des Verlangens der großen Massen der Bauern sein, die die Eigentumsordnung des Bodens verändern wollen. Mit anderen Worten, das Volk muß *die politische Bedeutung der Guerilla* verstehen und sie zu seiner eigenen Sache machen können.

Der Che hat deshalb, ohne die eigentlich militärische Dimension in irgendeiner Weise zu mißachten, so großen Wert auf die von der Vorhut zu leistende politische Arbeit gelegt und den revolutionären Krieg als eine „große *politisch-militärische* Aktion" definiert, „von der der Guerillakrieg ein Bestandteil ist".[194] Die Vorhut muß parallel zu den bewaffneten Aktionen *eine intensive Massenarbeit* leisten, indem sie die Motive und die Ziele der Revolution, die Siege der Guerilla, die Gründe jeder Aktion erklärt und die Arbeiter und Bauern zu wirkungsvollen Massenkämpfen aufruft. „Ungezielte Attentate und blinder Terrorismus dürfen nicht angewendet werden. Viel besser ist es, eine Arbeit in den dicht besiedelten Gegenden zu leisten, wo man die revolutionäre Idee verbreiten und auf die Reifung des Bewußtseins hinwirken kann, damit sich die Menschen zu einem bestimmten Zeitpunkt, mit Unterstützung der [revolutionären] Armee mobilisieren und die Waage auf die Seite der Revolution ausschlagen lassen. — Dafür muß man auch mit den Volksorganisationen der Arbeiter, Freiberufler und Bauern rechnen, die den Samen der Revolution unter ihren jeweiligen Massen aussäen, indem sie die

Publikationen der Rebellen erklären und sie zum Lesen weitergeben".[195]

Man sieht also, wie falsch das Klischee ist, der Che sei ein romantischer Abenteurer, eine Art roter d'Artagnan gewesen, der die Guerilla als den Kampf eines Musketiers gegen die königliche Garde betrachtet habe... Bei aller ernsthaften und sorgfältigen Beachtung der rein militärischen und strategischen Fragen hatte Guevara den umfassenden, den politisch-militärischen Charakter des Volkskrieges und ebenso die große Bedeutung der Agitation, der Propaganda und der Organisierung der Massen für den revolutionären Kampf klar erkannt.

Im übrigen beschränkt sich die politische Aktivität der Guerilla durchaus nicht auf die „klassische" Propaganda; sie betreibt auch eine „Propaganda der Fakten", und zwar einmal durch ihre bewaffneten Aktionen, die die Verwundbarkeit der Unterdrückerarmee beweisen, und zum anderen durch die Anwendung von revolutionären Maßnahmen in den von ihr kontrollierten Gebieten: Enteignung, Besetzung und Verteilung von Land an die Bauern, Gründung von Genossenschaften, Einberufung von Volkstribunalen und Aufbau einer Verwaltung, feierliche Verkündung von revolutionären Gesetzen usw.

Auf diese Weise erscheint die Guerilla allmählich als eine gegen die bestehende Macht gerichtete *alternative Macht*, als *neue Legalität*, die die Gesetze des Staates ersetzt; eine revolutionäre Macht und eine revolutionäre Legalität, die den Interessen und sozialen Bestrebungen der Volksmassen dienen und den Repressionsapparat der herrschenden Klassen neutralisieren.

Das Verhältnis zwischen den Bauernmassen und der Guerilla ist jedoch keineswegs ein einseitiges, mechanisches Verhältnis „von oben nach unten". Durch die Berührung mit dem Leben, mit den Problemen, mit den Kämpfen der Bauern vollzog sich in unseren Denkgewohnheiten eine Revolution, bemerkt der Che, wobei er die Rolle dieser Erfahrung für die Herausbildung der Guerilla-Ideologie unterstreicht.[196] Im Verlauf des Guerillakrieges entwickelt sich ein dialektischer Prozeß von Wechselbeziehungen zwischen der Vorhut und den Massen: Es „ergibt sich hier (...) ein echtes Zusammenwirken zwischen diesen Führern [des Guerillakriegs], die dem Volk anhand der Fakten die fundamentale Bedeutung des bewaffneten Kampfes klarmachen, und dem Volk selbst, das sich im Kampf aufrichtet und den Führern (die) praktischen Notwendigkeiten (...) klarmacht. Auf diese Weise, als Ergebnis des Zusammenwirkens des Guerilleros mit seinem Volk erwächst eine fortschreitende Radikalisierung, die die revolutionären Merkmale der Bewegung immer stärker hervortreten läßt und ihr allmählich eine nationale Dimension verleiht."[197] In der Tat ergeben sich die engen Bindungen zwischen Guerilla und Bauern nicht von vornherein; sie erwachsen aus der politisch-militärischen Praxis, in deren Verlauf die Guerilla volkstümlich und das Volk revolutionär wird, so daß sie sich fortschreitend zu einem relativ homogenen „Block" vereinen. Von diesem Zeitpunkt an wird die Guerilla praktisch unbesiegbar und kann sie die Armee des bürgerlichen Staates zunehmend kleinkriegen, demoralisieren und besiegen.

Wenn es richtig ist, daß der Kern der Guerilla nicht von Anfang an eine „Massenbewegung" sein kann, ist es dann nicht trotzdem notwendig, innerhalb der Bevölkerung in Stadt und Land eine politische Arbeit zu leisten, um den Ausbruch des bewaffneten Kampfes vorzubereiten? Ist die Bildung eines politisch-militärischen Netzes für Unterstützung, Unterkunft und Versorgung (in den Städten wie bei den Bauern) nicht eine Bedingung für das Überleben des Guerillakerns? Muß die Guerilla nicht von Anfang an mit den Klassenkämpfen verbunden sein, die in verschiedenen ländlichen Gebieten bereits stattfinden? Die Antwort auf diese Fragen — die sich nach der bolivianischen Tragödie zugespitzt stellten — und auf viele andere Fragen kann nicht allein in den Schriften des Che gefunden werden; sie wird durch die konkreten Erfahrungen der neuen revolutionären Vorhut gegeben werden, die heute in Lateinamerika (und in anderen Teilen der Welt) den Kampf führt.

3. Der Generalstreik

Ohne Unterstützung durch die Arbeiterklasse, ohne Unterstützung durch einen Kampf in den Städten, ohne Mobilisierung der proletarischen Massen für den Kampf kann die Guerilla sich nicht entfalten, kann sie nicht die kämpfende Vorhut der Volksmassen werden und schließlich den Unterdrückungsapparat des Staates zerstören. Das ist die allgemeine Erfahrung des revolutionären Krieges. In seiner Analyse der Geschichte der vietnamesischen Guerilla in der Einleitung zu dem Buch von Giap unterstreicht der Che, daß „der Kampf der Massen in den Städten zu jeder Zeit als eine für die Entwicklung des Kampfes unverzichtbare Waffe eingesetzt" wurde; diese städtische Massenbewegung war in seinen Augen wegen ihrer Dynamik und ihrer Kompromißlosigkeit ein wertvolles Beispiel und *von grundsätzlicher Bedeutung für den Befreiungskampf in Lateinamerika.*[198]

Die Rolle, die Bedeutung und das Gewicht des Kampfes der Arbeiter wachsen in dem Maße, wie der revolutionäre Krieg sich entwickelt und das Bündnis der Arbeiter und Bauern sich festigt. In der ersten Periode, im Anfangsstadium der Guerilla dient die Massenbewegung in den Städten (Streiks, Demonstrationen usw.) vor allem der Ablenkung des Gegners, indem sie die Repressionskräfte zwingt, sich aufzusplittern, und ihre Konzentration auf das Land verhindert. Wenn die Guerilla in dichter bevölkerte städtische Gebiete vorstößt, verbindet sie sich enger mit der Arbeiterbewegung, auf die sie angewiesen ist, um in diesem geographisch ungünstigen Gelände operieren zu können. In Kuba war dieser Zeitpunkt gegeben, als die von dem Che geführte Kolonne in die Provinz Las Villas eindrang und die Stadt Santa Clara eroberte, wobei sie sich auf die Gewerkschaften, die Sozialistische Volkspartei (PSP), die städtischen Kader der Bewegung des 26. Juli und auf die Arbeiterklasse allgemein stützte. Ist es der Guerilla schließlich gelungen, die Armee anzuschlagen, wird der aufständische Generalstreik ausgelöst, „im Bürgerkrieg ein überaus wichtiger Faktor"[199], der die Krönung der revolutionären Bewegung, den Todesstoß für den Staat der Oligarchie, den Strich durch die Rechnung der letzten politischen Manöver und Palastrevolten der Armee und den Moment der politisch-militärischen Fusion von Vorhut und die Massen darstellt.

Es ist bekannt, daß es während der kubanischen Revolution drei Versuche gegeben hat, einen Generalstreik zu entfachen: den spontanen Streik vom August 1957, der nach der Ermordung von Frank Pais in Santiago ausbrauch, den mißlungenen Streik vom 9. April 1958 und den siegreichen Generalstreik vom 1. Januar 1959, der dem Regime den Todesstoß versetzt hat. Die Schriften des Che befassen sich vor allem mit den beiden ersteren.

Die Ermordung von Frank Pais (dem bedeutendsten städtischen Führer der Bewegung des 26. Juli) am 30. Juli 1957 in Santiago löste in dieser Stadt einen spontanen Streik aus, der rasch auf andere Städte der Provinz Oriente übergriff (Guantanamo, Manzanillo, Bayamo usw.), sie total paralysierte und sich bis in die Provinzen Camagüey und Las Villas hinein auswirkte. Die Diktatur schlug diese Bewegung nieder, die ohne jede Vorbereitung und ohne revolutionäre Führung entstanden war; aber die Führer der Guerilla und insbesondere der Che erkannten, daß sich neue Kräfte gegen das Regime erhoben und daß es absolut geboten war, die Arbeiter in den Befreiungskampf einzubeziehen.[200] Die Erfahrung des spontanen Streiks von 1957 ließ nicht etwa einen „Kult der Spontaneität" entstehen, sondern sie führte im Gegenteil dazu, daß in den Arbeiterzentren Untergrundaktivitäten und -organisationen entstanden, „um einen Generalstreik vorzubereiten, der der Rebellenarmee helfen würde, die Macht zu erobern."[201]

Der fehlgeschlagene Streik vom 9. April 1958 war dagegen um 11 Uhr morgens durch einen Aufruf im Radio (dessen Sender von den Revolutionären besetzt worden war) „überraschend"[202] ausgerufen worden; seine Organisatoren wollten aus militär-strategischen Gründen die Regierung und ihre Repressionskräfte überraschen. Die Arbeiter, die in den Fabriken waren, haben keine Rundfunk gehört, es liefen verwirrende und widersprüchliche Gerüchte um, ein Streik kam nicht zustande. Einige bewaffnete Kommandos, die losgeschlagen hatten, wurden niedergemacht und eine Welle schrecklicher Vergeltung ergoß sich über die Revolutionäre.

Die Verantwortung für diese Niederlage liegt nach der Auffassung des Che bei den städtischen Führern der Bewegung des 26. Juli (die man im Unterschied zur „Sierra", Berg, „el Llano", die Ebene, nannte),[203] deren strategische Konzeption in zweifacher Hinsicht falsch war:

□ indem sie den Kampf auf die Städte konzentrieren wollten, unterschätzten sie die Rolle der Guerilla, die sie nur als einen „Treibstachel" des Arbeiteraufstands betrachteten;

□ aufgrund einer engen, (gegenüber den anderen Strömungen in der Arbeiterklasse, besonders der PSP, der Sozialistischen Volkspartei, der „alten" Kommunistischen Partei Kubas) sektiererischen und putschistischen Konzeption des Generalstreiks ignorierten sie die Bedeutung und die Taktik des Massenkampfes.

Sie haben demzufolge „ohne vorhergehende politische Vorbereitung und ohne Massenaktion" am 9. April 1958 mit Hilfe eines geheim vorbereiteten Handstreichs und ohne jede Verbindung zur Arbeiterschaft zum Streik aufgerufen, d.h. sie versuchten, die Bewegung von oben zu dirigieren; der Streik sollte überraschend, mit Schüssen, ohne Berücksichtigung der Arbeitereinheit ausgelöst werden, und vor allem war man „nicht darauf bedacht, daß die Arbeiter im Zuge der Ausübung ihrer revolutionären Aktivität den geeigneten Moment wählen.“[204]

Diese Bemerkungen des Che zeigen das Interesse, das er dem Problem des Generalstreiks entgegenbrachte und sein profundes Verständnis für seinen Charakter als *Massenbewegung*, zu dem er werden muß (siehe auch die Schriften von Lenin und Rosa Luxemburg über die russischen Streiks von 1905). Sowohl in bezug auf die Landguerilla als auch hinsichtlich des aufständischen Streiks hat die Position des Che nichts gemein mit dem angeblichen „Blanquismus“, „Bakunismus“, „Abenteurertum“, das ihm gewisse sogenannte „orthodoxe“ Kritiker angehängt haben.

Hat Guevara jemals die Möglichkeit einer im wesentlichen städtischen und proletarischen Revolution in den am meisten industrialisierten lateinamerikanischen Ländern ins Auge gefaßt? Er räumte durchaus ein, daß es in Ländern mit größerer Konzentration von Städten viel schwieriger ist, Gruppen einer Landguerilla aufzustellen, und er schloß die Möglichkeit nicht von vornherein aus, daß es möglich ist, durch „einen Volksaufstand mit einer Guerillabasis in der Stadt“ den Sieg zu erringen.[205]

Er ist der Meinung, daß vor allem in Argentinien, dem am meisten urbanisierten Land des Kontinents, die Radikalisierung der Massenbewegung *zur Machtübernahme durch die Arbeiterklasse führen kann.*[206] Auch Debray räumt ein: „In Argentinien, wo Buenos Aires, Rosario und Córdoba schon allein mehr als die Hälfte der gesamten Bevölkerung umfassen (20 Millionen), ist die Bedeutung des Agrarproletariats aufgrund seiner zahlenmäßigen Schwäche, seiner Zerstreuung, seiner unmaßgeblichen Rolle im wirtschaftlichen Leben des Landes sehr gering. Ein ländlicher Guerillaherd kann also nur eine untergeordnete Rolle spielen im Verhältnis zur Stadt, zu Buenos Aires, wo das Industrieproletariat die wesentliche Macht darstellt.“[207]

Aber selbst wenn die hauptsächliche strategische Achse der Revolution nicht der Kampf des Proletariats in den Städten ist, selbst wenn die Rebellenarmee ihrer sozialen Herkunft nach hauptsächlich aus Bauern besteht, muß der revolutionäre Krieg *von der Ideologie der Arbeiterklasse geleitet sein.*[208] Das war in Kuba (bis 1959) nicht der Fall; dagegen wurde in Vietnam ein Krieg, der aufgrund des Orts, wo er vorwiegend geführt wird, und der Zusammensetzung der Armee ein Bauernkrieg war, mit Hilfe der proletarischen Ideologie geführt.[209] Der Che scheint diesen

Aspekt der kubanischen Revolution also als Ausnahme betrachtet zu haben mit geringen Chancen einer Wiederholung anderswo.

In Vietnam war diese Ideologie durch eine *marxistische Vorhutpartei* konkret vertreten, die den Kampf des Volkes für seine nationale und soziale Befreiung führte.[210] Ist dies ein allgemeines Merkmal revolutionärer Kriege? Der Che scheint um 1963 dazu zu neigen, diese Frage zu bejahen: In der Einleitung zu der Textsammlung *Die marxistisch-leninistische Partei* schreibt er ausdrücklich, daß eine Partei dieses Typs, „Vorhut der Arbeiterklasse", die Führung im revolutionären Kampf haben muß; dabei betont er in einer anderen Schrift aus derselben Zeit („Guerillakrieg — eine Methode"), daß der Titel einer Avantgardepartei kein „offizielles Universitätsdiplom" ist, sondern daß diese Bezeichnung bedeutet: „an der Spitze der Arbeiterklasse stehen im Kampf um die Macht, es zu verstehen, sie zu deren Eroberung zu führen".[211] In seinen späteren Schriften befaßt er sich jedoch nicht mehr mit dieser Problematik und gab er keine Antwort auf die kontroverse Frage des Verhältnisses zwischen Partei und Guerilla. Es scheint, daß mehrere revolutionäre Gruppierungen in Lateinamerika heute einer Strategie zuneigen, der sowohl die guevaristische Konzeption der Guerilla als auch die leninistische Parteitheorie zugrundeliegen. Die bolivianische Tragödie von 1967 hat gezeigt, daß man den reformistischen Kommunistischen Parteien nicht vertrauen kann und daß es notwendig ist, eine in den Städten und auf dem Lande verwurzelte Vorhutorganisation aufzubauen, die den revolutionären Kampf an allen Fronten führen kann.

Der revolutionäre Krieg, der sich mittels des politischen Kampfs und des bewaffneten Kampf, Guerilla und Massenstreik entwickelt, muß nicht nur den Widerstand des „unmittelbaren Feindes", des bürgerlich-oligarchischen Staates, brechen, sondern auch darauf vorbereitet sein, der bewaffneten Intervention des „Hauptfeindes" zu begegnen, des amerikanischen Imperialismus, dem Ausbeuter und Unterdrücker der Völker der ganzen Welt: Die Revolution muß letztlich verstanden werden als ein langandauernder Krieg *auf internationaler Ebene.*

4. Die Weltrevolution

a) Der Internationalismus

Der proletarische Internationalismus war für den Che kein Thema für erbauliche Festreden am 1. Mai, sondern wie für die Gründer der Kommunistischen Internationale im Jahre 1919 zugleich Lebensweise, höchstes Ideal, säkularer Glaube, kategorischer Imperativ und geistiges Vaterland. Diese tiefreichende Bedeutung des Internationalismus des Che kann man nur im Lichte seines revolutionären Humanismus verstehen. Der Internationalismus ist der authentischste, der reinste, universellste, kämpferischste und *konkreteste* Ausdruck dieses Humanismus.[212] Ein wahrhafter Internationalist ist für den Che also derjenige, welcher fähig ist, Beklemmung zu fühlen, „wenn ein Mensch in einem anderen Teil der Welt ermordet wird, und (der) begeistert ist, wenn in irgendeinem Teil der Welt die Fahne der Freiheit aufgepflanzt wird"; ein Mensch, der „jede Aggression, jede Schmach, jede Handlung, die gegen die Menschenwürde, gegen das Glück eines Menschen gerichtet ist, gleich an welchem Ort der Erde, *als eigene Schmach*" empfindet.[213]

Natürlich soll der Internationalismus nicht nur eine Empfindung sein, sondern er muß auch und vor allem *praktisch* angewandt werden, durch wirkliche und handelnde Solidarität zwischen den Völkern, die gegen den Imperialismus kämpfen, und durch wirtschaftliche und militärische Hilfe der sozialistischen Länder für jene Nationen, die sich auf dem Weg zu ihrer Befreiung befinden. Der Che war vom Geist dieser Grundsätze erfüllt, als er in seiner berühmten und vielbeachteten „Rede in Algerien" (im Februar 1965) die industrialisierten sozialistischen Länder aufforderte, ihren Handel mit den unterentwickelten Ländern nicht auf der Basis ungleichen Tausches, der als Ergebnis des Wertgesetzes entsteht, abzuwickeln: „Es kann keinen Sozialismus geben, solange nicht im Bewußtsein eine Veränderung eintritt, aus der eine neue, brüderliche Haltung gegenüber der Menschheit hervorgeht — sowohl im individuellen Rahmen, in der Gesellschaft, in der man den Sozialismus aufbaut oder an dessen Aufbau arbeitet, als auch auf internationaler Ebene gegenüber allen Ländern, die unter der imperialistischen Unterdrückung leiden."[214]

Aber für den Che ist der proletarische Internationalismus nicht nur ein moralischer Imperativ für den konsequenten Kommunismus, die wirkliche politische Manifestation der humanistischen Werte, sondern auch und vor allem *eine praktische und reale Notwendigkeit des revolutionären Kampfes gegen den gemeinsamen imperialistischen Feind.* Die Empörung und Besorgnis über die tragische Einsamkeit des vietnamesischen Volkes, das der mörderischen Aggression der größten Kriegsmaschine aller Zeiten ausgeliefert ist, diese Empörung und Besorgnis wie er sie in seiner Botschaft an die Tricontinentale zum Ausdruck bringt, zeigen nicht nur das Aufbäumen eines revolutionären Humanisten gegen die feige und ungerechte Unterdrückung des um seine Befreiung kämpfenden Volkes; sie zeigen auch und vor allem die realistische Betrachtungsweise eines scharfsinnigen antiimperialistischen Kämpfers, der in dieser Einsamkeit einen „unlogischen Moment der Menschheit“ sieht.[215]

b) Eine internationale Strategie gegen den Imperialismus

Guevara hat sehr rasch den kontinentalen Charakter des Kampfes erkannt, dessen erstes Signal die kubanische Revolution war. In seiner „Botschaft an die Argentinier“ vom 25. Mai 1962 (dem Jahrestag des antikolonialen Aufstandes in Argentinien am 25. Mai 1810) bezieht sich der Che auf den historischen Vorläufer der Kämpfe gegen die spanische Herrschaft im 19. Jahrhundert auf kontinentaler Ebene und hebt dabei die Hilfe hervor, die sich die Rebellenarmeen der verschiedenen lateinamerikanischen Länder gegenseitig geleistet haben.[216] Er knüpfte damit an die „bolivaristische“ Tradition Lateinamerikas an, aber er gab ihr zugleich einen proletarischen und sozialistischen Inhalt.

Aber wahrscheinlich war es die Raketen-Krise vom Oktober 1962 und die unmittelbar drohende amerikanische Invasion Kubas, welche die kontinentale Revolution in den Mittelpunkt seiner Überlegungen rückte. In einem Essay aus dieser Zeit, „Taktik und Strategie der lateinamerikanischen Revolution“[217] bekräftigte der Che seine Gewißheit, daß die USA gegen die lateinamerikanische Revolution intervenieren werden, „weil ihre Interessen angegriffen werden und weil der Kampf in Amerika entscheidend ist“. Er zieht daraus den Schluß, daß ein Gegenschlag auf kontinentaler Ebene notwendig ist: „In dieser Situation Amerikas scheint es uns schwierig zu sein, den Sieg in einem einzelnen Land zu erringen. Die Einheit der Kräfte der Unterdrückung muß mit der Einheit der Kräfte des Volkes beantwortet werden. In allen Ländern, in denen die Unterdrückung unerträgliche Ausmaße erreicht, muß die Fahne der Rebellion gehißt werden, und diese wird aus historischer Notwendigkeit die Fahne des ganzen Kontinents sein. Die Anden werden die Sierra Maestra Amerikas sein, wie Fidel gesagt hat".[218]

Es ist bekannt, daß Guevara die bolivianische Guerilla von 1967 als *die erste Etappe einer den ganzen Kontinent erfassenden Revolution* betrachtete, die sich zunächst auf Peru und Argentinien und später auf Paraguay und Brasilien ausweiten würde.

Dabei hatte der Che keineswegs vergessen, daß die lateinamerikanische Revolution nur ein Teil einer größeren Bewegung ist, jener gewaltigen Bewegung „der Menschheit, die sagt ‚genug' und sich in Marsch gesetzt hat" (wie es im letzten Absatz der Zweiten Erklärung von Havanna heißt, die zur Losung der Tricontinentale geworden ist).[219] Sein Interesse für die *weltweite* Dimension des Krieges gegen den Imperialismus entwickelte sich mit seinen Reisen in die Länder der Dritten Welt (1959) und in die nachkapitalistischen* Länder Europas und vor allem Asiens (China, Nord-Korea, 1960). In einem Artikel, der im September 1959 in der mexikanischen Zeitschrift *Humanismo* erschien, formulierte der Che die antiimperialistische Solidarität in marxistischen Begriffen, d.h. vom Klassenstandpunkt: „Ist es nicht so, daß unsere Brüderlichkeit die Weiten der Meere, die Verschiedenheit der Sprachen und das Fehlen kultureller Bindungen überwindet, um uns im Kampf zu vereinen? Ist es nicht wahr, daß ein japanischer Arbeiter dem argentinischen Peon, dem bolivianischen Minenarbeiter, einem Arbeiter der United Fruit Company oder dem kubanischen Zuckerrohrschneider nähersteht als dem stolzen Abkömmling eines japanischen Samurai?"[220] Aber das Element, das am meisten dazu beigetragen hat, seine internationale strategische Perspektive zu formen, war der revolutionäre Krieg des vietnamesischen Volkes. Der Che gehört zu jener Generation (der unsrigen), für die der Vietnamkrieg die gleiche polarisierende Rolle gespielt hat wie der spanische Bürgerkrieg für die vorherige Generation, indem er anhand eines bezeichnenden Ereignisses das internationalistische Bewußtsein in globalem Ausmaß wachrief.

* In der Originalausgabe: sozialistische Länder. Änderung in Absprache mit dem Autor.

Schon 1963 nach dem ersten massiven Auftreten der Guerilla der FNL [Front National de Libération — (südvietnamesische) Nationale Befreiungsfront] betonte der Che, die Vietnamesen seien „Vorkämpfer an der vordersten Front des Weltproletariats gegen den Imperialismus" und ihre Kampffront habe *„größte Bedeutung für die Zukunft ganz Amerikas"*.[221] Und er denkt an Vietnam, wenn er im Jahre 1965 in Algier verkündet: „Es gibt keine Grenzen in diesem Kampf auf Leben und Tod, wir können nicht gleichgültig gegenüber dem bleiben, was sich irgendwo auf der Welt abspielt; der Sieg irgendeines Landes über den Imperialismus ist unser Sieg, genauso wie das Scheitern einer solchen Aktion eine Niederlage für uns alle bedeutet. Die Praxis des proletarischen Internationalismus ist nicht nur eine Pflicht für die Völker, die für eine bessere Zukunft kämpfen, sie ist zudem eine unumgängliche Notwendigkeit."[222] Aber nach 1965, nach der amerikanischen „Eskalation" und der offenen und massiven Intervention der imperialistischen Armee in Vietnam formuliert der Che explizit und exakt seine internationale Strategie, deren erster öffentlicher Ausdruck die Botschaft an die Tricontinentale von 1967 ist. In diesem glänzend geschriebenen und eindringlichen Text entwickelt der Che folgende Thesen:

1. Der Imperialismus, das höchste Stadium des Kapitalismus, ist ein Weltsystem, das man in einer weltweiten und langandauernden Auseinandersetzung schlagen muß.

2. Um gegen den gemeinsamen Feind der menschlichen Gattung, den US-Imperialismus, zu kämpfen, müssen die sozialistischen Länder und ihre Anhänger trotz ihrer Meinungsverschieden ihre Kräfte vereinen. Die Form, in der diese Meinungsverschiedenheiten zur Zeit ausgetragen werden, ist eine Schwäche; aber die notwendige Einheit wird sich unter dem Druck des Feindes und der von ihm geführten Schläge schließlich durchsetzen.

3. In diesem gigantischem Kampf haben die Völker der Dritten Welt die historische Aufgabe, die Existenzgrundlagen des Imperialismus in den unterentwickelten Ländern, aus denen er Profite und Rohstoffe herausholt, zu beseitigen, die als Märkte für die Produkte der Metropolen dienen, die sich heute im Zustand völliger Abhängigkeit befinden.

4. Wir brauchen heute eine globale Strategie für den Krieg gegen den Imperialismus, die uns in die Lage versetzt, der Vorhutabteilung des Weltproletariats — Vietnam — wirksame Hilfe zu

leisten. Deshalb gilt es, *zwei, drei, viele Vietnams zu schaffen, um den Imperialismus zur Zersplitterung seiner Kräfte zu zwingen.*

Das war seit langer Zeit das erste Mal, daß ein kommunistischer Führer von internationalem Rang versuchte, eine internationale revolutionäre Strategie zu entwickeln, die nicht im Dienst der Interessen eines Staates steht. Auch in dieser Hinsicht bedeutet das Denken des Che ein Zurück zu den Quellen des Leninismus und der Komintern der glorreichen Jahre (1919-1924), bevor sie allmählich zu einem Instrument der Stalinschen Außenpolitik der UdSSR wurde.

Dieser Appell war zudem kein abstraktes und platonisches Gelübde. Er wurde in den bolivianischen Wäldern von einem Mann geschrieben, der versucht hat, das zu verwirklichen, was er verkündet hat, und wofür er sein Leben hingegeben hat: dem Volk von Vietnam in seinem Kampf durch Eröffnung einer zweiten Front in Lateinamerika zu Hilfe zu kommen. Das erklärt das nachhaltige Echo, das dieses Dokument auf der ganzen Welt gefunden hat.

Der Appell war an die Solidaritäts-Organisation der Völker Asiens, Afrikas und Lateinamerikas gerichtet, und seine zentrale Achse war die Rolle der Völker dieser drei Kontinente. Das bedeutet aber nicht, die Konzeption des Che wäre eine vage „Dritte-Welt-tümelei“ („tiers-mondisme“) ohne klaren politischen Inhalt. Nichts ist falscher als die von gewissen oberflächlichen und zweifelhaften Interpreten verbreitete Behauptung, für den Che bestehe „der wahre Gegensatz nicht zwischen dem Kapitalismus und dem Kommunismus, sondern zwischen den entwickelten und den unterentwickelten Ländern“.[223] Guevara begriff die Weltrevolution gegen den Imperialismus als Konflikt von *Klassen*, und sein letztendliches Ziel war ohne jeden Zweifel die Errichtung des *Kommunismus* auf der ganzen Welt. Er räumte ein, daß die Kampfbereitschaft der Arbeiter in den imperialistischen Ländern geschwächt war, ohne daß er deshalb dem anti-europäischen Nihilismus eines Fanon verfiel; er prophezeite im Gegenteil in seinem Appell an die Tricontinentale (1967), daß „die Widersprüche (in Europa) in den kommenden Jahren einen explosiven Charakter annehmen“ werden (Mai 1968!) und daß der Klassenkampf schließlich auch im Herzen der imperialistischen amerikanischen Metropole hervortreten werde.[224]

IV.

Der Guevarismus heute

„No porque hayas caido
tu luz es menos alta."

„Nicht daß etwa, weil du fielst,
dein Licht tiefer stünde."

(Nicolás Guillén, „Che Comandante", 15.10.1967.)[225]

Guevara ist oft und nicht zu unrecht mit den großen romantischen Revolutionären des 19. Jahrhunderts verglichen worden. Es wäre aber falsch zu glauben, der Che sei ein Mann der Vergangenheit, ein Überlebender aus einer anderen Epoche, ein Anachronismus im Zeitalter der Computer. Ganz im Gegenteil ist er der Rache kündende Prophet der *künftigen* Revolutionen, Revolutionen der „Verdammten dieser Erde", der Hungernden, Unterdrückten, Ausgebeuteten und Erniedrigten der drei vom Imperialismus beherrschten Kontinente. Er ist der Prophet, der mit flammenden Lettern an die Mauern des neuen Babylon geschrieben hat: „Mene, Mene Tekel Upharsin" — deine Tage sind gezählt. Für die rebellierende und revolutionäre Jugend, die sich in den industriellen Metropolen Europas und Nordamerikas erhebt, ist er der Heros geworden als Künder der *Zukunft*, des neuen Menschen, der kommunistischen Gesellschaft des 21. Jahrhunderts, die auf den Ruinen des dekadenten und „eindimensionalen" Kapitalismus errichtet wird. Das Denken des Che, das zwar auf den kubanischen und lateinamerikanischen Erfahrungen beruht, hat einen zutiefst *universellen* Charakter, was den Widerhall und den weltweiten Einfluß seiner Schriften erklärt.

Für die unter imperialistischer Herrschaft stehenden Völker Asiens, Afrikas und Lateinamerikas, für die Schwarzen in Nordamerika, für die europäische Dritte Welt (Griechenland, Portugal, Spanien) ist der Che der bewaffnete Prophet des revolutionären Krieges gegen die Oligarchie, ihre Gorillas und den Imperialismus. Seine Schriften über die Guerilla werden (zusammen mit denen von Mao, Giap und Fanon) an den Gymnasien, an den Universitäten, in den Fabriken und auf dem Lande leidenschaftlich studiert und diskutiert; sie inspirieren die Aktionen der revolutionären Kämpfer von den *maquis* in Guatemala bis zu den schwarzen Ghettos von Detroit, von den Wäldern in Guinea-Bissau bis zu den Vororten von Rio de Janeiro, von den Ölfeldern am Persischen Golf bis zu den Fabriken in Córdoba.

Der Guevarismus der Dritten Welt bedeutet Verneinung fauler Kompromisse, opportunistischer Manöver, der „friedlichen Koexistenz". Er bedeutet die Verneinung des zwielichtigen Neutralismus und der Unterordnung unter die Diplomatie der mächtigen Rivalen des sozialistischen Lagers. Er bedeutet kompromißlosen bewaffneten Kampf, Volkskrieg bis zur Niederwerfung der bürgerlichen Armeen, permanente Revolution bis zum Sozialismus. Er bedeutet die historische Initiative der revolutionären Vorhut, die den Guerillakrieg auslöst und die Volksmassen mobilisiert. Er bedeutet konkrete internationale Solidarität von Waffengefährten im gemeinsamen Krieg gegen das imperialistische Joch.

Die Ausstrahlungskraft des Che ging jedoch über die Grenzen der Dritten Welt hinaus. Sein Bild war bei den gewaltigen Demonstrationen der Jugendlichen vor dem Pentagon, auf den Barrikaden des Mai in Paris, in den Universitäten von London und auf den Straßen von Berlin zu sehen. Seine Losung „ein, zwei, drei Vietnam" wurde in den Straßen von Tokio auf Japanisch gerufen und erschien auf Transparenten in Rom in italienischer Sprache. Wie erklärt sich dieser auf den ersten Blick überraschende Guevarismus der neuen Jugendavantgarde der fortgeschrittenen kapitalistischen Länder?

Zunächst waren es sein beispielhaftes Leben und sein Martyrium, die ihn als das reinste Symbol des Befreiungskampfes der Dritten Welt erscheinen ließen. Der Che fiel zu einem Zeitpunkt, als der Vietnamkrieg in den kapitalistischen Metropolen zum Katalysator des revolutionären Bewußtseins wurde, bei dem Versuch, dem vietnamesischen Volk zu Hilfe zu kommen; damit wurde er für diese Jugend zum leuchtenden Symbol des *Internationalismus,* ihres neuen Internationalismus, der sich nach einer langen Nacht absoluter Hegemonie des Chauvinismus wie ein Phönix wieder aus der Asche erhob. Jeannette Habel, führendes Mitglied der *Jeunesses Communistes Révolutionnaires, der* Revolutionär-Kommunistischen Jugend (eine „guevaristisch-trotzkistische" Organisation, die im Juni 1968 aufgelöst worden ist), erklärte vor dem Solidaritätskongreß für Vietnam, der im Februar 1968 in Berlin stattfand: „Am Beispiel von Che, dem Revolutionär ohne Grenzen, muß sich die Jugend Westeuropas inspirieren. Wir müssen Che wie eine Fahne verteidigen, (...) verteidigen seine

Konzeption eines neuen, im antiimperialistischen Kampf gestählten Menschen, der sensibel für das Schicksal aller Ausgebeuteten ist und der kämpft, ohne je eine materielle Belohnung für seine Anstrengungen zu erwarten, indem er der reaktionären Gewalt die revolutionäre entgegenstellt."[226]

Das Denken und das Handeln des Che repräsentieren für diese Jugend außerdem die unversöhnliche absolute *radikale Ablehnung* des „Systems" und *die revolutionäre Initiative der Vorhut*, die dieses System verändern will. In einer seiner brillantesten Schriften („Die Widersprüche des Spätkapitalismus, die antiautoritären Studenten und ihr Verhältnis zur Dritten Welt") zeigt Rudi Dutschke, wie die methodologischen Prinzipien der Theorie des Guerilla-Kerns des Che die Aktionen des deutschen SDS beeinflußt haben.

„Erstmalig wird versucht, die Focus-Theorie von Che Guevara für die politische Praxis hier (im Spätkapitalismus) zu gewinnen. Die Frage lautete: Wie und unter welchen Bedingungen kann sich der subjektive Faktor als objektiver Faktor in den geschichtlichen Prozeß eintragen? Guevaras Antwort für Lateinamerika war, daß die Revolutionäre nicht immer auf die objektiven Bedingungen für die Revolution zu warten haben, sondern daß sie über den Focus, über die bewaffnete Avantgarde des Volkes die objektiven Bedingungen für die Revolution durch subjektive Tätigkeit schaffen können. Diese Frage stand in letzter Konsequenz auch hinter der Plakataktion, steht heute noch hinter jeder Aktion. Haben wir bei allen unseren Aktionen von der permanenten Ohnmacht unserer politischen Arbeit auszugehen, oder haben wir einen historischen Zeitpunkt erreicht, an dem die subjektive schöpferische Tätigkeit der politisch kooperierenden Individuen über die Wirklichkeit und ihre Veränderbarkeit entscheidet?"[227]

Diese Prinzipien haben zweifellos auch andere Organisationen der neuen Vorhut beeinflußt und ihnen geholfen, die Unbeweglichkeit, den bürokratischen Konservatismus und die passive Anpassung an das bürgerliche „System", jene Alterskrankheiten der reformistischen alten Linken zu überwinden.

Der dritte Aspekt des Denken des Che, der die revolutionäre Jugend der fortgeschrittenen kapitalistischen Länder fasziniert hat, ist *sein neues Modell des Kommunismus.* Für den bürgerlichen Philister war der Che ein utopischer und romantischer Anarchist, dessen Ideal der Zukunft nichts anderes war als „die kindliche Vision von einem Elysium ohne Bürokratie und Militär — die ewige Sehnsucht nach einer heilen Welt."[228] Demgegenüber erkennt sich die „Neue Linke" von Europa und Amerika, welche den bürgerliche wie den bürokratische Autoritarismus ablehnt, im Denken des Che wieder, für den die kommunistische Gesellschaft eine neue Menschheit sein sollte und nicht eine verstaatlichte Version der amerikanischen Gesellschaft. Für Chruschtschow (und für einen großen Teil der traditionellen kommunistischen Parteien) sollte der Kommunismus im Westen „attraktiv" werden, wenn die Sowjetunion die Vereinigten Staaten auf dem Gebiet der Produktion und des Konsums eingeholt hat; für den Che und die rote Jugend der industrialisierten Länder soll der Kommunismus viel mehr sein als eine neue Methode der Verteilung von Gütern: *ein Gegenmodell von Zivilisation*, sozial, kulturell und moralisch eine neue Welt. Es geht also nicht darum, mit dem Kapitalismus und der „privatistischen" bürgerlichen Gesellschaft in Wettbewerb zu treten, indem man sein Spiel mitspielt, sondern es geht darum, *die Spielregeln grundsätzlich zu ändern.* Das ist auch der Grund, warum die *armen* im Übergang zum Sozialismus befindlichen Länder, die auf verschiedene Weise versuchen, *eine neue Gesellschaft* und einen neuen Menschen zu schaffen (Kuba, China, Vietnam), eine viel größere Anziehungskraft auf die Jugend ausüben als die relativ reichen und satten Länder (UdSSR, DDR), die mit ihrem „Marktsozialismus" die nordamerikanische Überflußgesellschaft nachzuahmen versuchen.

Einen besonders starken Einfluß übte dieses Thema im Denken des Che auf die Vorhutbewegungen in Frankreich vor den und während der Ereignisse vom Mai 1968 aus. Bereits 1965 veröffentlichte die Gruppe der *Union des Etudiants Communistes* (UEC - Kommunistischer Studentenverband) in der Philosophischen Fakultät (secteur Lettres) — die sich kurz danach von der UEC trennte und sich *Jeunesse Communiste Révolutionnaire* (JCR - Revolutionäre Kommunistische Jugend) nannte, einer der wichtigsten „Zünder" des Mai '68 in Frankreich — „Der Sozialismus und der Mensch in Kuba" zum ersten Mal in Frankreich mit einem bezeichnenden Vorwort, in dem der Kommunismus des Che Chruschtschows „Gulasch-Kommunismus" gegenübergestellt wurde. Diese Kommunismus soll keine „planwirtschaftliche Super-Konsumgesellschaft" sein, sondern *eine radikal andere Gesellschaft,* in der die Antriebe, die Arbeit und die Muße nicht mehr denselben Sinn haben wie heute. Im Mai 1968 kombinierte sich die

Konzeption des Kommunismus des Che mit der Kritik der kapitalistischen Zivilisation von Herbert Marcuse, mit einigen Aspekten der chinesischen Kulturrevolution und mit der trotzkistischen Bürokratie-Kritik: Die Verschmelzung dieser Elemente hat sich als hochgradig explosiv erwiesen...

„Es ist die Stunde der Weißglut, und es wird nur Licht zu sehen sein", schrieb der Che, in seinem politischen Testament, dem Brief an die Tricontinentale, indem er José Marti zitierte. Die bolivianische Weißglut von Nancahuazú* wurde einstweilen gelöscht. Aber ihr Licht, das Denken des Che, wird weiterhin leuchten, überall neue Weißglut entzünden, neue Funken schlagen, den Völkern wie eine Fackel in der Nacht leuchten. Nichts wird jemals imstande sein, dieses Licht zu löschen.

* *Nancahuazú* (Quechua — Ursprung des Flusses) — Schlucht und kleiner Fluß im Departement Santa Cruz in Bolivien. In dieser abgelegenen Gegend im Südosten des Landes errichteten die Brüder Peredo und andere Anfang November 1966 das Basislager der Guerilla, die der Che kommandierte.

Anmerkungen

Ebenso wie sämtliche Fußnoten wurden die Anmerkungen und Zusätze, die in eckigen Klammern gesetzt worden sind, von dem Bearbeiter der deutschen Ausgabe hinzugefügt; für den Inhalt und mögliche Fehler trägt Michael Löwy keinerlei Verantwortung.

Die Artikel und Bücher, für die kein Autor oder Herausgeber angegeben ist, stammen von Ernesto Che Guevara. Vollständige bibliographische Angaben zu den zitierten Büchern sind im Anhang verzeichnet. Diejenigen Periodika, bei denen kein Erscheinungsort angegeben ist, wurden bzw. werden in Havanna (La Habana) veröffentlicht.

1 [Telefonisches Interview von Radio Habana, Cuba, am 12. Dezember 1967 mit Jean Paul Sartre, der ursprünglich kurz darauf nach Havanna kommen sollte, um an dem Kulturkongreß teilzunehmen, der dort vom 4. bis 11. Januar 1968 stattfand, veröffentlicht unter dem Titel „Che: el hombre mas completo de su tiempo", in: *Granma*, Resumen semanal, Jg. 2, Nr. 61, 24. Dezember 1967, S. 6.]

2 „Bolivien: Guevara — Muster Mao", in: *Der Spiegel*, 21. Jg., Nr. 43, 16. Oktober 1967, S. 148.

3 „Ansprache des Kommandanten Fidel Castro, 18. Oktober 1967", in: Horst Kurnitzky (Hrsg.), *Ernesto Che Guevara: Hasta la victoria siempre!* Eine Biographie, Berlin: Verlag Peter von Maikowski 1968, S. 193-208, Zitat S. 202. — [Andere, gekürzte Übersetzung: Fidel Castro, „Über Che Guevara — Eine Rede (18. Oktober 1967)", in: Heinz Rudolf Sonntag (Hrsg.), *Che Guevara und die Revolution*, Frankfurt a. M., Fischer Bücherei 1968, S. 85-93, Zitat S. 90.]

4 „Ansprache des Kommandanten Fidel Castro", in: *Ernesto Che Guevara*, S. 204f. — [F. Castro, „Über Che Guevara", in: *Che Guevara und die Revolution*, S. 91.]

5 Diese Liste ist keineswegs vollständig, das Denken des Che liefert bemerkenswerte Beiträge auch zu anderen Fragen, die wir in unserer Arbeit nicht berücksichtigen konnten: zum Kampf gegen die Bürokratie, zur wirtschaftlichen Bedeutung des Imperialismus, zur speziell militärischen Taktik der Guerilla, zur Industrialisierung Kubas, zur Rolle der Partei und der Kader beim Aufbau des Sozialismus usw.

6 [„Back of Cuba's ‚Hate U.S.' Drive: Rise of the Leftists", in: *U.S. News & World Report* (Washington, D.C.), Jg. XLVII, Nr. 19, 9.11.1959, S. 40-42, Zitat S. 41.]

7 Fidel bezeugt das großmütig in einem Interview, das er 1965 gab: „Ich glaube, daß Che Guevaras revolutionäre Entwicklung, ideologisch gesehen, zu dem Zeitpunkt, als ich ihn traf, weiter fortgeschritten war als meine. Vom theoretischen Standpunkt aus war er stärker geformt; er war als Revolutionär fortgeschrittener als ich." (Lee Lockwood, *Castro's Cuba, Cuba's Fidel*, An American Journalist's Inside Look at Today's Cuba in Text and Picture, New York: Macmillan 1967, S. 143; deutsch: Lee Lockwood, „Castros Kuba, Kubas Fidel (Auszüge)", in: Giangiacomo Feltrinelli (Hrsg.), *Lateinamerika — Ein zweites Vietnam?* Reinbek bei Hamburg: Rowohlt 1968, S. 17-64, Zitat S. 40 f.)

8 Der Che hatte der PGT gegenüber, deren bürokratisches Sektierertum ihm mißfiel, gewisse Vorbehalte. Nach einer bekannten Anekdote, die sein ehemaliger Freund Ricardo Rojo (eine etwas zweifelhafte Quelle) erzählt hat, soll ihm der Gesundheitsminister Guatemalas eine Stelle als Arzt verweigert haben, weil er keine Mitgliedskarte der PGT hatte. „‚Sehen Sie, Genosse'," antwortete der

Che, „‚wenn ich mich eines Tages entschließe, Mitglied zu werden, tue ich es aus Überzeugung, nicht aus Zwang, verstehen Sie?'" [Ricardo Rojo, *Ché Guevara*, Leben und Tod eines Freundes, Frankfurt a. M. S. Fischer 1968, S. 52.] Interessant ist, daß aus dem linken Flügel der APRA, den der Che schon während seines Aufenthalts in Peru im Jahre 1969 kennengelernt hatte, in den sechziger Jahren der von Luis de la Puente Uceda geführte [peruanische] MIR (Movimiento de la Izquierda Revolucionaria — Bewegung der Revolutionären Linken) hervorging, eine der ersten Organisationen der kommunistischen neuen Linken.

9 Vgl. *Granma* (Wochenausgabe), 29.10.1967.

10 „Unter den besonderen Bedingungen, unter denen ich gereist bin — erst als Student und später als Arzt —, lernte ich sehr gründlich Elend, Hunger und Krankheit kennen. Ich erlebte, daß ein Kind nicht ärztlich behandelt werden konnte, weil kein Geld dafür vorhanden war. Ich erfuhr die Verrohung durch ständigen Hunger und Strafen, die dazu führt, daß ein Vater den Tod seines Sohnes als bedeutungslosen Unfall hinnimmt." („Mitleid oder Solidarität?" [19.8.1960], in: *Der neue Mensch*, S. 48.)

11 [Carlos Maria Gutierrez, „Los motivos del Che", in: *Casa de las Americas*, Jg. IX, Nr. 54, Mai/Juni 1969, S. 6-29, hier S. 17 (der Autor beruft sich für seine Metapher auf Mao, ohne einen Beleg zu nennen).]

12 Bolivar Echeverria (Hrsg.), *Ernesto Che Guevara, Hasta la Victoria siempre!* Eine Biographie, Berlin: Verlag Peter von Maikowski 1968, S. 47.

13 „Discurso en la inauguración del Primer Congreso Latinoamericano de Juventudes" (28.7.1960), in: *Escritos y discursos*, Bd. 9, S. 7.

14 „Man muß mit derselben Natürlichkeit ‚Marxist' sein, mit der man in der Physik ‚Newtonianer' oder in der Biologie ‚Pasteurianer' ist, wobei zu bedenken ist, daß neue Begriffe, wenn neue Phänomene sie erforderlich machen, durchaus nicht den Teil der Wahrheit hinfällig machen, den die alten Begriffe haben." („Notas para el estudio de la ideologia de la Revolución cubana" [zuerst veröffentlicht 8.10.1960], in: *Escritos y discursos*, Bd. 4, S. 203.)

[Auch Fidel Castro benutzte den Vergleich zwischen Marx („marxistisch-leninistischer Lehre") und Newton („Physik"): „Marx und Engels entdeckten das Warum der Revolution, entdeckten die Ursachen der Entwicklung der menschlichen Gesellschaft, ebenso wie Newton das Gesetz der Schwerkraft entdeckte." (Fidel Castro, „Jeder trägt einen kleinen Baustein zum Gebäude des Marxismus-Leninismus bei. Aus der Rede auf dem VI. Nationalkongreß der Schulen für Revolutionäre Instruktion im Gebäude der Vereinigten Revolutionären Organisationen, 20. Dezember 1961)", in: Fidel Castro Ruz, *Fanal Kuba*, Reden und Schriften 1960-1962, Berlin: Dietz Verlag 1963, S. 223-242, Zitat S. 228 f.]

15 „Notas para el estudio de la ideologia de la Revolución cubana", in: *Obra revolucionaria*, S. 508. [Der gesamte Absatz, in dem die zitierten Ausführungen enthalten sind, fehlt in der Fassung dieses Artikels in *Escritos y discursos*, Bd. 4.]

16 „Der Sozialismus und der Mensch in Kuba" (März 1965), in: *Der neue Mensch*, S. 26; „Partei und Revolution" (Rede vom 24.3.1963), in: *Der neue Mensch*, S. 135.

17 Der Che war sich übrigens des Zusammenhangs zwischen Dogmatismus und Bürokratie bewußt. An einer Stelle, wo er auf die „Affäre Escalante" anspielte, sagte er am 15. April 1962: „(...) war im ganzen Land als ein unheilvolles Gebrechen aufgetaucht, das wir unbedingt beseitigen müssen: Entfernung von den Massen, Dogmatismus, Sektierertum. Ihretwegen waren wir vom Bürokratismus bedroht." („Discurso clausura del Consejo Nacional de la CTC" [15.4.1962], in: *Escritos y discursos*, Bd. 6, S. 130.)

[Der Che spielte bei seiner Rede, die er in seiner Eigenschaft als Industrieminister vor der Leitung des Gewerkschaftsverbandes hielt, auf die „Krise des Sektierertums" an, die einige Tage vorher zum Rücktritt von Anibal Escalante aus dem Sekretariat der ORI (Organizaciones Revolucionarias Integradas — Integrierte Revolutionäre Organisationen) und der Neuorganisierung und Umbenennung der ORI in PURS (Partido Unido de la Revolución Socialista — Geeinigte Partei der Sozialistischen Revolution) geführt hatte. Im Oktober 1965 sollte die PURS dann in PCC (Partido Comunista de Cuba — Kommunistische Partei Kubas) umbenannt werden. A. Escalante war langjähriges Mitglied der PSP (Partido Socialista Popular — Sozialistische Volkspartei), wie die traditionelle kommunistische Partei von 1944 bis zu ihrer Vereinigung mit der „Bewegung des 26. Juli" und dem „Directorio Revolucionario" Ende 1961 hieß.]

18 „Il piano e gli uomini", in: *il manifesto* (Roma), Jg. I, Nr. 7, Dezember 1969, S. 36. Bei diesem Text handelt es sich um stenographische Aufzeichnungen von Gesprächen, die 1964 im Industrieministerium stattfanden.
[Die stenographischen Aufzeichnungen, die einige offensichtliche Fehler enthalten, wurden auf Kuba in mehreren hundert Exemplaren unkorrigiert vervielfältigt und an Kader verteilt. Sie wurden nicht in überarbeiteter Form veröffentlicht.

Die auf Italienisch publizierten längeren Auszüge sind von einer Analyse von K. S. Karol begleitet: „L'insidia della legge del valore (Il Che e le ‚riforme')", in: *il manifesto*, Jg. I, Nr. 7, Dezember 1969, S. 44-49.

Nach der italienischen Fassung wurde eine französische Übersetzung angefertigt und veröffentlicht: Ernesto Che Guevara, „Le plan et les hommes", in: *Tricontinental*, Edition française (Paris), Nr. 4 - 1970 / 1 - 1971, S. 26-49; nachgedruckt in: E. Che Guevara, *OEuvres*, Bd. VI, S. 64-97.]

19 Zitiert nach Ernesto Che Guevara, „Die marxistisch-leninistische Partei" (1963), in: *Brandstiftung oder Neuer Friede?* S. 63 f.

20 „Die marxistisch-leninistische Partei", S. 64.

21 „Über das Budget-Finanzierungssystem", in: *Wertgesetz, Planung und Bewußtsein*, S. 48.

22 „Über das Budget-Finanzierungssystem", S. 48.

23 Anibal Ponce, *Humanismo burgués y humanismo proletario*, mit einem Vorwort von Juan Marinello, La Habana: Imprenta Nacional de Cuba 1962, S. 113. [Der Band enthält Mitschriften von 1935 in Buenos Aires gehaltenen Vorlesungen.

24 „Notas para el estudio de la ideologia de la Revolución cubana", in: *Escirtos y discursos*, Bd. 4, S. 203.

Dieses Thema taucht also bereits in dem ersten Text auf, in dem der Che sich als Marxisten darstellt.

25 Karl Kautsky, *Der Weg zur Macht*, Politische Betrachtungen über das Hineinwachsen in die Revolution, unveränderter Nachdruck der 2. Auflage (1910), herausgegeben und eingeleitet von Georg Fülberth (1. Auflage 1909), Frankfurt a. M.: Europäische Verlagsanstalt 1972, S. 62.

[Karl Kautsky zitiert an dieser Stelle seinen eigenen Artikel „Ein sozialdemokratischer Katechismus — I.: Kritik", in: *Die Neue Zeit* (Stuttgart), XII. Jg., I. Bd. (1893/94), Nr. 12, 13.12.1893, S. 361-369, Zitat S. 368.]

26 „Partei und Revolution", in: *Der neue Mensch*, S. 137, 137 f.

27 „Die sozialistische Planung und ihre Bedeutung", in: *Wertgesetz, Planung und Bewußtsein*, S. 151, 152.

28 „Die marxistisch-leninistische Partei", in: *Brandstiftung oder Neuer Friede?* S. 57, 57 f., 60.

29 „Die sozialistische Planung und ihre Bedeutung", in: *Wertgesetz, Planung und Bewußtsein*, S. 149.

30 [Vgl. Karl Marx, „Der achtzehnte Brumaire des Louis Bonaparte" (1852), in: *MEW*, Bd. 8, S. 115.]

31 Karl Marx, *Das Kapital*, Erster Bd., *MEW*, Bd. 23, S. 393.

32 [„Über das Budget-Finanzierungssystem", in: *Wertgesetz, Planung und Bewußtsein*, S. 48.]

33 „En la entrega de certificados de trabajo comunista" (Rede vom 11. Januar 1964), in: *Obra revolucionaria*, S. 396.

34 „Über das Budget-Finanzierungssystem", in: *Wertgesetz, Planung und Bewußtsein*, S. 55.

35 [*MEW*, Bd. 40, S. 536.]

36 „Über das Budget-Finanzierungssystem", a.a.O., S. 49. Vgl. auch: „Wir verstehen den Kommunismus nicht als die mechanische Summe der Konsumgüter in einer gegebenen Gesellschaft, sondern als das Ergebnisses eines bewußten Aktes" („Das Bankwesen, der Kredit und der Sozialismus", in: *Ökonomie und neues Bewußtsein*, S. 98).

37 A. Ponce, *Humanismo burgués y humanismo proletario*, a.a.O., S. 163, 169. 169.

38 „En la entrega de certificados de trabajo comunista", in: *Obra revolucionaria*, S. 399.

39 „Der Sozialismus und der Mensch in Kuba", in: *Der neue Mensch*, S. 24, 34. Zwischen diesen Thesen des Che und den verblüffenden Schriften des jungen Georg Lukács, die in den heroischen Jahren der bolschewistischen Revolution geschrieben wurden, besteht eine erstaunliche Ähnlichkeit. In einem Artikel mit dem Titel „Die Rolle der Moral in der kommunistischen Produktion" [zuerst veröffentlicht 1919] (ein guevaristischer Titel *par excellence!*) betont Lukács, der Übergang vom Reich der Notwendigkeit in das Reich der Freiheit könne „keine Folge automatischer Gesetzmäßigkeit von blinden gesellschaftlichen Kräften sein, sondern nur eine Folge des freien Entschlusses der Arbeiterklasse. (...) Es hängt vom Selbstbewußtsein, von der geistigen und moralischen Substanz, von der Urteilskraft und Opferbereitschaft des Proletariats ab, welche Richtung die Entwicklung der Gesellschaft einschlägt." (G. Lukács, *Taktik und Ethik*, Politische Aufsätze I: 1918-1920, herausgegeben von Jörg Kammler und Frank Benseler, Darmstadt - Neuwied: Luchterhand 1975, S. 158-164, Zitate S. 161, 163).

40 W. I. Lenin, „Die nächsten Aufgaben der Sowjetmacht" (April 1918), in: *Lenin Werke*, Bd. 17, S. 231.

41 Karl Marx, „Ökonomisch-philosophische Manuskripte aus dem Jahre 1844", in: *MEW*, Bd. 40, S. 553 f.

42 W. I. Lenin, „Staat und Revolution — Die Lehre des Marxismus vom Staat und die Aufgaben des Proletariats in der Revolution" (August/September 1917), in: *Lenin-Werke*, Bd. 25, S. 470.

43 „Discurso en la Asamblea General de las Naciones Unidas" (11.12.1964), in: *Escritos y discursos*, Bd. 9, S. 292; Zitat aus: Brief an José Medero Mestre (La Habana, 26.2.1964), in: *Escritos y discursos*, Bd. 9, S. 384.

44 „Der Sozialismus und der Mensch in Kuba", in: *Der neue Mensch*, S. 19; undatierter Brief an Hilda Guevara Gadea, genannt „Hildita", Che Guevaras älteste Tochter, zitiert nach: R. Rojo, *Ché Guevara*, a.a.O. (Anm. 8), S. 168.

45 Vgl. „Der Sozialismus und der Mensch in Kuba", in: *Der neue Mensch*, S. 19-23, Zitat S. 21.

46 „Der Sozialismus und der Mensch in Kuba", a.a.O., S. 30.

47 „Der Sozialismus und der Mensch in Kuba", a.a.O., S. 15.

48 „Aufgaben der kommunistishen Jugend" (20.10.1962), in: *Der neue Mensch*,

S. 126; „Der Sozialismus und der Mensch in Kuba“, a.a.O., S. 22.

49 „Der Sozialismus und der Mensch in Kuba“, a.a.O., S. 32, 25. — Vgl. auch: „In Algerien“ (26.2.1965), in: *Venceremos!* S. 162.

50 [Karl Marx, „Thesen über Feuerbach“ (Frühjahr 1845), in: *MEW*, Bd. 3, S. 7 (und S. 535).]

51 „Partei und Revolution (Ansprache in der allgemeinen Arbeiter-Versammlung der Textilfabrik Ariguanabo)“ (24.3.1963), in: *Der neue Mensch*, S. 136.

52 „Ob der Che nun über das Wertgesetz, die Gefahr des Bürokratismus, die revolutionären Kader, über die Situation des jungen Kommunisten oder über den Aufbau der Partei diskutiert — dieses Thema [die Herausbildung des neuen Menschen] durchläuft alle seine Ausführungen.“ (Roberto Fernández Retamar, Einleitung zu: Ernesto Che Guevara, *Obra revolucionaria*, S. 18; dt. in: *Venceremos!* S. 16.)

53 Friedrich Engels, Brief vom 11. August 1884 an Paul Lafargue, in: *MEW*, Bd. 36, S. 194-198, Zitat S. 198. Zitiert bei Charles Bettelheim, „A propos de quelques concepts de l'économie de transition“ (zuerst veröffentlicht Februar 1966), in: ders., *La transition vers l'économie socialiste*, Paris: François Maspero 1968, (Economie et Socialisme, Bd. 9), S. 153-173, hier S. 170.

54 Karl Marx, *Das Kapital*, Dritter Bd., *MEW*, Bd. 25, S. 274.

55 Vgl. hierzu: Ernest Mandel, *Entstehung und Entwicklung der ökonomischen Lehre von Karl Marx (1843-1863)*, Frankfurt a. M.: Europäische Verlagsanstalt 1968, Kapitel 10 (Von den „Pariser Manuskripten“ bis zu den „Grundrissen“: von einem anthropologischen zu einem historischen Entfremdungsbegriff), S. 152-185.

56 José Carlos Mariátegui, „Ethique et socialisme“, in: *Tricontinental* (Paris), Nr. 1, Januar/Februar 1968, S. 20-27, Zitat S. 25. [„Etica y socialismo“, in: *Tricontinental* (La Habana), Nr. 3, November/Dezember 1967; zuerst als 6. Teil der Artikelreihe „Defensa del marxismo“, in: *Amauta* (Lima), III. Jg., Nr. 19, November/Dezember 1928, S. 10-14; Buchausgabe: José Carlos Mariátegui, *Defensa del marxismo*, Polémica revolucionaria, 8. Auflage, Lima: Empresa Editora Amauta 1978 (Biblioteca Amauta, Ediciones Populares de las Obras Completas de José Carlos Mariátegui, Bd. 5), S. 55-63, Zitat S. 59.]

57 [Adolf Joffe, Brief vom 15./16.11.1927 an Leo Trotzki, deutsch unter dem Titel „Der Brief A. Joffes“, in: *Internationale Presse-Korrespondenz* (Berlin), 8. Jg., Nr. Nr. 3, 10. Januar 1928, S. 56-59, Zitat S. 56 (in der Rubrik „Für Leninismus — gegen Trotzkismus“, zusammen mit einer „offiziellen“ Stellungnahme von J. Jaroslawski, „Die Philosophie des Untergangs“, S. 59-63). Geringfügig gekürzt mit der Einleitung der Opposition zu dem am 19.11.1927 illegal gedruckten Brief unter dem Titel „Abschiedsbrief des Genossen A. Joffe“, in: *Die Aktion* (Berlin-Wilmersdorf), XVIII. Jg., Heft 2/3, April/Mai 1928, Sp. 32-37.]

58 „Der Sozialismus und der Mensch in Kuba“, in: *Der neue Mensch*, S. 32, 33; „Aufgaben der Kommunistischen Jugend“, in: *Der neue Mensch*, S. 126.

59 „Botschaft an die Völker der Welt“, in: Guevara / Castro, S. 19.

60 „Taktik und Strategie der lateinamerikanischen Revolution“, in: *Kritik des bürgerlichen Anti-Imperialismus*, S. 141; „Botschaft an die Völker der Welt“, S. 19.

61 *Der Partisanenkrieg*, S. 27, 30, 49 f.

62 Entfällt.

63 *Der Partisanenkrieg*, S. 30.

64 Vgl. *Kubanisches Tagebuch*, S. 165 [sowie S. 38, 105, 111, Fidel Castros Brief vom 14. Dezember 1957, S. 238]; Carlos Franqui, *El libro de los doce*, [2. Auflage der

kubanischen Ausgabe, La Habana: Instituto del Libro/Ediciones Huracán 1969, S. 47 (Kapitel „Cuatro Comandantes del ‚Granma'", Bericht von Universo Sánchez, aufgezeichnet von Carlos Franqui)].

65 „Botschaft an die Völker der Welt", in: Guevara / Castro, S. 19.

66 [„Discurso en la conmemoración del natalicio de José Marti" (28.1.1960), in: *Escritos y discursos,* Bd. 4, S. 56; „Discurso en la Quinta Sesión Plenario del Consejo Interamericano Económico y Social, en Puenta del Este, Uruguay" (8.8.1961), in: *Escritos y discursos,* Bd. 9, S. 55; „Technik in einer neuen Zeit" (29.9.1963), in: *Der neue Mensch,* S. 155; „Die marxistisch-leninistische Partei" (1963), in: *Brandstiftung oder Neuer Friede?* S. 65, an dieser Stelle auch der Ausdruck „bandera de dignidad humana" (Banner der menschlichen Würde).]

67 Claude Julien, Vorwort zu: *Fidel Castro parle,* La Révolution cubaine par les textes, herausgegeben und eingeleitet von Jacques Grignon-Dumoulin, Paris: François Maspero 1961 (Cahiers libres, Nr. 24/25), S. 12.

68 Karl Marx, „Der Kommunismus des ‚Rheinischen Beobachters'" (5.9.1847), in: *MEW,* Bd. 4, S. 191-203, Zitat S. 200.

69 „Über das Budget-Finanzierungssystem", in: *Wertgesetz, Planung und Bewußtsein,* S. 49.

70 „Der Sozialismus und der Mensch in Kuba", in: *Der neue Mensch,* S. 24, 35.

71 [Hinzufügen ließen sich die folgenden Zeitschriftenbeiträge: Serguei Shkurko, „El principio del interés material y la remuneración del trabajo en la URSS", in: *Cuba Socialista,* Jg. II, Nr. 15, November 1962; Michel Merlier, „Problèmes économiques de la révolucion cubaine", in: *Partisans* (Paris), Nr. 14, Februar/März 1964, S. 75-90; L. Lavallée, „Wirtschaftsprobleme Kubas" (April 1964), in: *Wirtschaftswissenschaft* (Berlin, DDR), Jg. 12, Nr. 12, Dezember 1964, S. 2063-2072.]

72 Karl Marx, „Das Elend der Philosophie — Antwort auf Proudhons ‚Philosophie des Elends'" (1847), in: *MEW,* Bd. 4, S. 63-182, Zitat S. 130.

73 Vgl. Charles Parain, „Rapports de production et développement des forces productives: l'exemple du moulin à eau", in: *La Pensée* (Paris), Nr. 119, Februar 1965, S. 55-70, hier S. 55 f.

74 Karl Marx, *Das Kapital,* Erster Bd., *MEW,* Bd. 23, S. 390.

75 W.I. Lenin, „Über unsere Revolution (Aus Anlaß der Aufzeichnungen N. Suchanows)" (16./17.1.1923), in: *Lenin Werke,* Bd. 33, S. 464.

76 Josef Stalin, *Ökonomische Probleme des Sozialismus in der UdSSR,* Berlin: Dietz Verlag 1952, S. 7, 52, 50.

77 „Die sozialistische Planung und ihre Bedeutung", in: *Wertgesetz, Planung und Bewußtsein,* S. 153.

78 Charles Bettelheim, „Formas y métodos de la planificación socialista y nivel de desarrollo de las fuerzas productivas" (Januar 1966), in: *Cuba Socialista,* Jg. IV, Nr. 32, April 1964, S. 51-78; „Formes et méthodes de la planification socialiste et niveau de développement des forces productives", in: ders. *La transition vers l'économie socialiste,* a.a.O. (Anm. 53), S. 129-152; „Formen und Methoden der sozialistischen Planung und der Stand der Produktivkräfte", in: *Wertgesetz, Planung und Bewußtsein,* S. 80-107, Zitate S. 82, 90, 105, 101 f. — unsere Hervorhebung.

79 Charles Bettelheim, „A propos de quelques concepts de l'économie de transition", a.a.O. (Anm. 53), S. 166, 167.

80 Charles Bettelheim, „Planification et rapports de production" (zuerst veröffentlicht April 1966), in: ders., *La transition vers l'économie socialiste,* S. 175-196, Zitat S. 190.

81 „Die sozialistische Planung und ihre Bedeutung", in: *Wertgesetz, Planung und Bewußtsein*, S. 146-150, Zitat S. 149 f.

82 „Die sozialistische Planung und ihre Bedeutung", S. 145, 145 f.

83 „Die sozialistische Planung und ihre Bedeutung", S. 150.

84 Ch. Bettelheim, „Formen und Methoden der sozialistischen Planung und der Entwicklungsstand der Produktivkräfte", a.a.O. (Anm. 78), S. 105.

85 „Die sozialistische Planung und ihre Bedeutung", S. 156. Vgl. auch Ernest Mandel: „in der Übergangsperiode vom Kapitalismus zum Sozialismus (kann es) keine *vollständige Übereinstimmung* zwischen der Produktionsweise, den Produktionsverhältnissen, der Austausch- und der Distributionsweise geben" („Las categorias mercantiles en el periodo de transición", in: *Nuestra Industria — Revista Económica*, Juni 1964; dt.: „Die Warenkategorien in der Übergangsperiode", in: *Wertgesetz, Planung und Bewußtsein*, S. 108-144, Zitat S. 142).

86 Vgl. Karl Marx, *Das Kapital*, Erster Bd., *MEW*, Bd. 23, S. 92-94.

87 Karl Marx, „Kritik des Gothaer Programms" (1875), in: *MEW*, Bd. 19, S. 11-32, Zitat S. 19 f. — unsere Hervorhebungen.

88 Vgl. Ernest Mandel, „Loi de la valeur, calcul économique et planification socialiste" (Referat vom 22.2.1966), in: *Les problèmes de la planification socialiste*, Tables rondes, Paris: E.D.I. 1968, (Les Cahiers du Centre d'Etudes Socialistes, Nr. 82-87), S. 109-139, hier S. 113 f.

89 J. Stalin, *Ökonomische Probleme des Sozialismus in der UdSSR*, a.a.O. (Anm. 74), S. 4, 5 — unsere Hervorhebung.

90 [Karl Marx, *Das Kapital*, Erster Bd., *MEW*, Bd. 23, S. 94.]

91 J. Stalin, *Ökonomische Probleme des Sozialismus in der UdSSR*, S. 20, 21.

92 Alberto Mora, „En torno a la cuestión del funcionamiento de la ley del valor en la economia cubana en los actuales momentos", in: *Comercio Exterior*, Juni 1963, S. 7, 10; dt.: „Zur Frage des Funktionierens des Wertgesetzes in der cubanischen Wirtschaft zum gegenwärtigen Zeitpunkt", in: *Wertgesetz, Planung und Bewußtsein*, S. 27-38, Zitate S. 33, 35.

93 A. Mora, „Zur Frage des Funktionierens des Wertsgesetzes", S. 37, 36.

94 [Der Ausdruck „marginaliste" bezeichnet im Französischen sowohl den Marginalismus (Lehre von der Grenzanalyse und den Grenzgrößen) als auch die Grenznutzentheorie. Die Grenznutzenschule ist eine Richtung in der Volkswirtschaftslehre, die in den siebziger Jahren des 19. Jahrhunderts entstand und die in dem Problem der Knappheit und in den individuellen Nutzempfindungen den entscheidenden Ansatzpunkt für die wirtschaftstheoretische Analyse sieht. Sie entwickelte das Grenznutzen- oder Marginalprinzip. Bekannte Vertreter waren C. Menger, E. von Böhm-Bawerk, L. Walras, V. Pareto. Zur Kritik siehe: Ernest Mandel, *Marxistische Wirtschaftstheorie*, Frankfurt a. M.: Suhrkamp Verlag 1968, S. 313-317.

Alberto Mora erwähnte die Ökonomen bzw. Wirtschaftsmathematiker W.W. Nowoshilow, L. W. Kantorowitsch, W. S. Nemtschinow (*Wertgesetz, Planung und Bewußtsein*, S. 34).

Zum Planungssystem und zur Reformdebatte in der UdSSR in den Jahren 1959 bis Mitte der sechziger Jahre vgl. Henri Denis, „Le problème du système soviétique de planification socialiste, a.a.O. (Anm. 86), S. 71-83 sowie Diskussion S. 85-108; Michael Ellman, *Planning Problems in the USSR*, The Contribution of Mathematical Economics to Their Solution 1960-1971, Cambridge: Cambridge University Press 1973 (University of Cambridge, Department of Applied Economics, Monograph 24), mit biographischen Angaben zu den erwähnten sowjetischen Wissenschaftlern (S. XV-XVII); Ernest Mandel, „La réforme de la planification soviétique et ses implications" in: *Les Temps Modernes*, (Paris), 20. Jg., Nr. 229, Juni 1965, S. 2161-2186.

Zu L.W. Kantorowitschs Werk und zum Verhältnis von Grenznutzentheorie und marxistischer Kritik der politischen Ökonomie vgl. ferner: Maurice Godelier, „Théorie marginaliste et théorie marxiste de la valeur et des prix (Quelques hypothèses)“ (April 1964), in: *La Pensée* (Paris), Nr. 120, März/April 1965, S. 77-90, mit einer Vorbemerkung von Charles Bettelheim; auf Deutsch: „Marginalistische und marxistische Wert- und Preistheorie, Einige Hypothesen“, in: M. Godelier, *Rationalität und Irrationalität der Ökonomie*, Frankfurt a.M.: Europäische Verlagsanstalt 1972, S. 262-280; Henri Denis, „A propos de la discussion Liberman en U.R.S.S.: La conception marginaliste de l'optimum économique et la théorie marxiste“, in: *Les Temps Modernes* (Paris), 21. Jg., Nr. 230, Juli 1965, S. 112-125; Ernest Mandel, „Calcul marginal et théorie de la valeur-travail“ (Antwort auf Henri Denis), in: *Les Temps Modernes*, 21 Jg., Nr. 230, S. 126-131.

Von den Artikeln aus sowjetischen Zeitschriften wie *Kommunist, Voprossi Ekonomiki, Planowoje Chosjaistwo* sind in der DDR-Zeitschrift *Sowjetwissenschaft —Gesellschaftswissenschaftliche Beiträge* (Berlin) zahlreiche auf Deutsch veröffentlicht worden.]

95 Ch. Bettelheim, „Formen und Methoden der sozialistischen Planung und der Entwicklungsstand der Produktivkräfte“, in: *Wertgesetz, Planung und Bewußtsein,* S. 88, 100, 103 f. Es ist interessant und bezeichnend, daß Bettelheim anerkennt, daß seine Analyse „zum Teil“ mit der von Ota Sik in dessen Buch *Ekonomika, jajmý, politika,* Prag 1962 [deutsche Ausgabe: *Ökonomie - Interessen - Politik,* Berlin: Dietz Verlag 1966] übereinstimmt („Formen und Methoden...“, S. 101).

96 Ch. Bettelheim, „A propos de quelques concepts de l'économie de transition“, a.a.O. (Anm. 53), S. 164, 172.

97 Vgl. „Über den Begriff des Wertes“, in: *Wertgesetz, Planung und Bewußtsein*“, S. 65-67.

98 Vgl. „Über das Budget-Finanzierungssystem“, in: *Wertgesetz, Planung und Bewußtsein*“, S. 65-67.

100 „Der Sozialismus und der Mensch in Kuba“, in: *Der neue Mensch*, S. 18.

101 „Der Sozialismus und der Mensch in Kuba“, S. 24 f. Vgl. auch folgende Stelle in einem zuerst im März 1962 veröffentlichten Artikel über die „industriellen Aufgaben der Revolution in den kommenden Jahren“: Wir müssen „ein sozialistisches Bewußtsein schaffen, mittels Heranziehung der Arbeiter zu allen praktischen Aufgaben des sozialistischen Aufbaus, Teilnahme an der Leitung der sozialistischen Fabriken und anderen sozialistischen Betriebe, der Zentren der technischen Ausbildung, Eingreifen in die Wirtschaftsplanung; kurzum, bewußtes Eingreifen in die industrielle Entwicklung zu jeder Minute.“ („Tareas industriales de la revolución“, in: *Escritos y discursos*, Bd. 6, S. 110 f.)

102 In seinem Artikel „Über das Budget-Finanzierungssystem“ vom Februar 1964 schrieb Guevara und bezog sich dabei mehr oder minder offen auf die UdSSR: „Wir glauben, daß die Entwicklungsmöglichkeiten, die die neue Produktionsverhältnisse bieten, um den Übergang des Menschen in das *Reich der Freiheit* zu fördern, in gewisser Weise unausgenutzt bleiben.“ („Über das Budget-Finanzierungssystem“, in: *Wertgesetz, Planung und Bewußtsein,* S. 60).

103 „Über das Budget-Finanzierungssystem“, S. 79.

104 „Über das Budget-Finanzierungssystem“, S. 66, 66 f., 67.

105 „Die sozialistische Planung und ihre Bedeutung“, in: *Wertgesetz, Planung und Bewußtsein*, S. 154.

106 „Die sozialistische Planung und ihre Bedeutung“, S. 156; „Über das Budget-Finanzierungssystem“, S. 69.

107 „Über das Budget-Finanzierungssystem“, S. 60.

108 Ernest Mandel, „Las categorias mercantiles en el periodo de transición“, in:

Nuestra Industria - Revista Económica, Juni 1964, [sowie in: *Trimestre - Suplemento del Directorio Financiero*, Nr. 8, Oktober-Dezember 1964]; „Die Warenkategorie in der Übergangsperiode", in: *Wertgesetz, Planung und Bewußtsein*, S. 108-144, hier S. 128 f.

109 E. Mandel, „Die Warenkategorien in der Übergangsperiode", S. 132. Vgl. auch Mandels Bilanzartikel: „Diejenigen, die bestreiten, daß das ‚Wertgesetz' in der Epoche des Übergangs vom Kapitalismus zum Sozialismus direkt oder indirekt weiter die Produktion reguliere, bestreiten durchaus nicht, daß die Warenkategorien in dieser Epoche unvermeidlicherweise überleben. (...) Aber sie verstehen den grundlegend widersprüchlichen Charakter des Verhältnisses von Markt und Plan zueinander und messen daher der administrativen Festsetzung von Preisen in zahlreichen Bereichen hohe Bedeutung zu, sei es zur Sicherstellung der prioritären Entwicklung bestimmter sozialer Dienstleistungen, sei es zur Sicherstellung bestimmter Erfordernisse der nationalen Wirtschaftsentwicklung." („Le grand débat économique", in: *Partisans*, Nr. 37, April-Juni 1967, S. 30.)

110 Ch. Bettelheim, „Formen und Methoden der sozialistischen Planung und der Stand der Produktivkräfte", in: *Wertgesetz, Planung und Bewußtsein*, S. 94, 103, 105.

111 Ch. Bettelheim, „Planification et rapports de production", in: *La transition vers l'économie socialiste*, a.a.O. (Anm. 53), S. 194, 194 f., 195.

112 „Über das Budget-Finanzierungssystem", in: *Wertgesetz, Planung und Bewußtsein*, S. 54-56.

113 „Über das Budget-Finanzierungssystem", S. 54.

114 Vgl. „Viaje del Comandante Guevara por los paises del Pacto de Bandung", in: *Sagitário* (Buenos Aires), Juni 1960, Abschnitt VI — „Yugoslavia" [zitiert nach: H. Gambini, *El Che Guevara*, S. 258]. Vgl. auch folgende Stellungnahme: „In Jugoslawien funktioniert das Wertgesetz; in Jugoslawien werden Fabriken geschlossen, weil sie nicht rentabel sind; in Jugoslawien trifft man Schweizer und holländische Beauftragte, die Arbeitslose anwerben" („Il piano e gli uomini", in: *il manifesto*, Jg. I, Nr. 7, 1969, S. 39).

115 Vgl. „Interview by *Al-Tali-'ah*" (zuerst veröffentlich im April 1965), in: *Che, Selected Works*, S. 412.

116 [„Über das Budget-Finanzierungssystem", S. 56-58, Zitate S. 56, 57.]

117 „Das Bankwesen, der Kredit und der Sozialismus", in: *Ökonomie und neues Bewußtsein*, S. 90-92.

118 „Das Bankwesen, der Kredit und der Sozialismus", S. 93.

119 „Über das Budget-Finanzierungssystem", S. 74-77.

120 E. Mandel, „Die Warenkategorien in der Übergangsperiode", in: *Wertgesetz, Planung und Bewußtsein*, S. 112-115, 137-141.

121 [Karl Marx, „Thesen über Feuerbach", in: *MEW*, Bd. 3, S. 6 (vgl. S. 534).]

122 Ch. Bettelheim, „Formen und Methoden der sozialistischen Planung und der Entwicklungsstand der Produktivkräfte", in: *Wertgesetz, Planung und Bewußtsein*, S. 81 f.

124 Ch. Bettelheim, „Formen und Methoden", S. 107. Für Bettelheim gibt es im Marxismus für moralische Ideale ohnedies keinen Platz, denn der Marxismus ist eine Wissenschaft („science") [und keine Ideologie] (vgl. „A propos de quelques concepts de l'économie de transition", in: *La transition vers l'économie socialiste*, S. 168-173).

125 „Der Sozialismus und der Mensch in Kuba", in: *Der neue Mensch*, S. 20 f., 26 f. Vgl. auch Ernest Mandel: „Diejenigen, die das absolute Postulat aufstellen, erst Entwicklung der Produktivkräfte, bevor sich das sozialistische Bewußtsein entfalten könne, machen sich ebenso eines mechanistischen Denkens schuldig

wie jene, die ein solches Bewußtsein unmittelbar mit rein subjektiven Mitteln (Erziehung, Propaganda, Agitation usw.) hervorrufen zu können glauben. Es gibt eine dauernde Wechselwirkung zwischen der Schaffung einer materiellen Infrastruktur, die für die Entfaltung des sozialistischen Bewußtseins notwendig ist, und der Entwicklung dieses Bewußtseins selber." („Le grand débat économique", in: *Partisans*, Nr. 37, April-Juni 1967, S. 28.)

126 „Über das Budget-Finanzierungssystem", in: *Wertgesetz, Planung und Bewußtsein,* S. 59.

127 „Über das Budget-Finanzierungssystem", S. 59, 67.

128 „Über das Budget-Finanzierungssystem", S. 67.

129 Brief vom 26.2.1964 an J. M. Mestre, in: *Escritos y discursos,* Bd. 9, S. 384; „Der Sozialismus und der Mensch in Kuba", S. 20 f.

130 „Il piano e gli uomini", S. 39 [„Le plan et les hommes", S. 90]. Man halte diese Äußerung und Stalins Bemerkungen über die gesellschaftliche Nützlichkeit des Wertgesetzes, das „das Wachstum unserer Wirtschaftskader" beschleunigen würde (*Ökonomische Probleme des Sozialismus in der UdSSR*, a.a.O. [Anm. 76], S. 21), einander gegenüber.

131 „Über das Budget-Finanzierungssystem", S. 58 f., 62, 64; „Partei und Revolution" (24.3.1963), in: *Der neue Mensch*, S. 132. Vgl. auch E. Mandel, „Die Warenkategorien in der Übergangsperiode", in: *Wertgesetz, Planung und Bewußtsein*, S. 141.

132 „Über das Budget-Finanzierungssystem", S. 59.

133 Vgl. „Discurso clausura del Consejo Nacional de la CTC" (15.4.1962), in: *Escritos y discursos*, Bd. 6, S. 135.

134 „Partei und Revolution", S. 132 f.

135 „Gegen den Bürokratismus", in: *Ökonomie und neues Bewußtsein*, S. 113.

136 „Über das Budget-Finanzierungssystem", S. 59.

136* [„En la entrega de certificados de trabajo communista" (Rede vom 11.1.1964), in: *Obra revolucionaria*, herausgegeben von R. Fernández Retamar, s. 394.]

137 „Der Sozialismus und der Mensch in Kuba", in: *Der neue Mensch*, S. 21.

138 E. Mandel, „Loi de valeur, calcul économique et planification socialiste", in: *Les problèmes de la planification socialiste*, a.a.O. (Anm. 88), S. 123. Vgl. auch den Nachruf der Redaktion der *New Left Review* (London): „Che war nie mehr dialektisch-materialistisch als bei seinem Beharren auf dem Primat moralischer Anreize beim Aufbau des Sozialismus." („Che", in: *New Left Review*, Nr. 46, November/Dezember 1967, S. 16; ebenfalls veröffentlicht in: *Casa de las Americas*, Februar 1968, S. 14).

139 Interview mit Jean Daniel, in: *L'Express* (Paris), Nr. 632, 25.7.1963, S. 9. Vgl. auch die Rede des Che vom 21.12.1963: „Der Kommunismus ist ein Phänomen des Bewußtseins und nicht nur der Produktion; man kann nicht durch einfache mechanische Anhäufung von Quantitäten von Gebrauchsgütern, die man der Bevölkerung zur Verfügung stellt, zum Kommunismus gelangen. (...) Wenn der Mensch nicht bewußt handelt, kann man niemals erreichen, was Marx als Kommunismus definiert hat und was man allgemein als Kommunismus anstrebt." (Zitiert nach: *Pensamiento Critico*, Nr. 14, März 1968).

140 René Dumont, *Cuba, socialisme et développement,* Paris: Editions du Seuil 1964, S. 54.

141 „Il piano e gli uomini", S. 37 [„Le plan et les hommes", S. 86] - unsere Hervorhebung.

142 „Interview with Maurice Zeitlin" (14.9.1961), in: *Che, Selected Works*, S. 391.

143 Vgl. *Bolivianisches Tagebuch*, München: Trikont Verlag, S. 157; Hugo Gambini,

El Che Guevara, Buenos Aires: Paidos 1968, S. 490.

144 Vgl. „Freiwillige Arbeit und Bewußtseinsveränderung" (15.8.1964), in: *Der neue Mensch*, S. 158-166.

145 „Aufgaben der kommunistischen Jugend" (20.10.1962), in: *Der neue Mensch*, S. 116. Man vergleiche diese Passage, wo der Che die jungen Kommunisten schildert, die den Bauern beim Kaffeepflücken helfen, mit dem naiven, aber fruchtbaren Traum Fouriers von der „anziehenden Arbeit" der Gemeinschaft (die er der „abstoßenden Arbeit" im Kapitalismus entgegenstellt): ... „(...) bei Morgengrauen (verlassen) dreißig Arbeitsgruppen im Paradeschritt das Phalanstère (...), um sich auf die Felder und Werkstätten zu verteilen, (...) sie (schwenken) unter ungeduldigem Triumgeschrei ihre Fahnen (...). (...) singen im Chor Hymnen bei ihrem Marsch (...). Ein jeder sieht in allem, was ihn umgibt, einen Vertrauten, einen Freund." ([Charles] Fourier, *Textes choisis*, herausgegeben von Félix Armand, Paris: Editions Sociales 1953, [Les Classiques du Peuple], S. 142,

146 „Il piano e gli uomini", S. 37 [„Le plan et les hommes", S. 83 f.].

147 „Aufgaben der kommunistischen Jugend", S. 121; „Der Mensch und der Sozialismus in Kuba", in: *Der neue Mensch*, S. 25, 26. Vgl. auch: „En la entrega de certificados de trabajo comunista" (11.1.1964), in: *Obra revolucionaria*, S. 397; „Freiwillige Arbeit und Bewußtseinsveränderung", in: *Der neue Mensch*, S. 157f.

148 „Die große Initiative (Über das Heldentum der Arbeiter im Hinterland. Aus Anlaß der ‚kommunistischen Subbotniks')" (28.6.1919), in: *Lenin Werke*, Bd. 29, S. 397-424, Zitat S. 399. [Die Bezeichnung „Subbotnik" ist abgeleitet von „Subbota" - Sonnabend.]

149 Fidel Castro im Gespräch mit K.S. Karol (etwa Mitte August 1967), „‚Je veux dégoûter la jeunesse de l'argent' (K.S. Karol a passé quatre jours avec Fidel Castro dans la Sierra Cristal)", in: *Le Nouvel Observateur* (Paris), Nr. 148, 11.-17.9.1967, S. 13.

149 Entfällt.

150 Entfällt.

151 Bericht von Ricardo Rojo, im Gespräch mit Gregorio Selser, in: *Siete Dias* (Buenos Aires), Nr. 23, 17.10.1967, zitiert nach: H. Gambini, *El Che Guevara*, S. 79f. Rojo erinnert sich: Für den Che waren „Perón und Paz Estenssoro Beispiele für eine Bourgeoisie, die aus Mangel an Vertrauen in sich selbst und nicht minder durch Enge der Sichtweise und ein geringes Maß an historischem Sinn auf halben Wege stehenbleibt" (zitiert nach: H. Gambini, *El Che Guevara*, S. 80). Hinzugefügt sei, daß der Che in dem Aufruf, den er 1967 an die bolivianischen Minenarbeiter richtete, das Versanden der bolivianischen Revolution als Beweis dafür erwähnt, „daß es in Sachen soziale Revolution keine halben Lösungen gibt" („A los mineros de Bolivia, Communicado No 5", in: *Escritos y discursos*, Bd. 3, S. 221).

152 „Guerillakrieg — eine Methode", in: *Guerillakampf und Befreiungsbewegung*, S. 29 f.; „Cuba: excepción hisórica o vanguardia en la lucha anticolonialista?", in: *Escritos y discursos*, Bd. 9, S. 38; „Taktik und Strategie der lateinamerikanischen Revolution", in: *Kritik des bürgerlichen Anti-Imperialismus*, S. 138f.; „Botschaft an die Völker der Welt", in: Guevara / Castro S. 13 f.

153 „Cuba: excepción histórica o vanguardia en la lucha anticolonialista?", S. 32.

154 Vgl. Karl Marx, „Zur Kritik der Hegelschen Rechtsphilosophie — Einleitung" (veröffentlicht in: *Deutsch-Französische Jahrbücher*, Paris 1844), in: *MEW*, Bd. 1, S. 378-391, hier S. 389.

155 „Guerillakrieg — eine Methode", S. 41, 46, 47. Vgl. auch: „Taktik und Strategie der lateinamerikanischen Revolution", S. 135; „Die marxistisch-leninistische Partei", in: *Brandstiftung oder Neuer Friede?* S. 58. Eine präzise ökonomische

Argumentation, die die Thesen des Ches stützt, findet sich in den folgenden Werken des marxistischen Wirtschaftswissenschaftlers Andre Gunder Frank: *Kapitalismus und Unterentwicklung in Lateinamerika*, Frankfurt a. M.: Europäische Verlagsanstalt 1969; *Latin America: Underdevelopment or Revolution*, Essays on the Development of Underdevelopment and the Immediate Enemy, New York u. London: Monthly Review Press 1969.

156 „Taktik und Strategie der lateinamerikanischen Revolution", S. 141.

157 „In Algerien" (26.2.1965), in: *Venceremos!* S. 162.

158 [Frantz Fanon, *Les damnés de la terre*, mit einem Vorwort von Jean-Paul Sartre, Paris: François Maspero 1961, (Cahiers libres, Nr. 27/28). — Dt.: *Die Verdammten dieser Erde*, Frankfurt a. M.: Suhrkamp Verlag 1966.

159 [Vgl. auch: Josie Fanon, „Interview avec Guevara", in: *Révolution Africaine* (Alger), 26.12.1964; „Interview à Alger par Josie Fanon", in: *OEuvres*, Bd. VI, S. 192-195; „Interview with Josie Fanon", in: *Che, Selected Works*, S. 401-404.]

160 *Kubanisches Tagebuch*, S. 176 — unsere Hervorhebung.

161 „Guerillakrieg — eine Methode", S. 35.

162 „A New Old Che Guevara Interview" (Interview vom 18.4.1959; veröffentlicht in einer chinesischen Zeitung am 5.6.1969), in: *Hispanic American Historical Review* (Bloomington, Indiana), Bd. XLVI, Nr. 3, August 1966, S. 295, 297; in: *Che, Selected Works*, S. 370, 372.

163 *Der Partisanenkampf*, S. 131.

164 „La guerra de guerrillas", in: *Escritos y discursos*, Bd. 1, S. 175. Eigene Übersetzung; in den vorliegenden deutschsprachigen Fassungen dieses Textes, die alle der DDR-Übersetzung von Fred Herms folgen, fehlt dieser Gedanke; vgl. *Der Partisanenkrieg*, S. 128; „Der Guerillakrieg", in: *Guerillakampf und Befreiungsbewegung*, S. 188.

165 „Die sozialistische Planung und ihre Bedeutung", in: *Wertgesetz, Planung und Bewußtsein*, Zitate S. 148, 149, Zitat aus Lenins „Über unsere Revolution" S. 146 f., Formulierungen über Kettenglied und Überspringen von Etappen S. 148.

166 „Mensaje a los Argentinos" (Rede vom 25.5.1962), in: *Cuadernos de Cristianismo y Revolución*, Nr. 2, S. 22; in: *Obras Completas*, Bd. 2, S. 12.

167 „Guerillakrieg — eine Methode", S. 44 f.

168 „Botschaft an die Völker der Welt", in: Guevara / Castro, S. 18, 13 f. — unsere Hervorhebung.

169 Die Ähnlichkeit zwischen den Thesen des Che über den Charakter der Revolution in Lateinamerika und Trotzkis Theorie über das Hinüberwachsen der demokratischen zur sozialistischen Revolution ist unbestreitbar. Dennoch ist es offensichtlich, daß die Konzeptionen des Che in bezug auf die jeweilige Rolle der Bauern und des Proletariats im revolutionären Krieg keineswegs dieselbe war wie die von Trotzki.

170 Rouissi Boualam, „Interview" (mit Ernesto Guevara), in: *Libération* (Casablanca), 17.-23.3.1965; „Interview with *Libération*", in: *Che Guevara Speaks*, S. 119.

171 „Guerillkrieg — eine Methode", in: *Guerillakampf und Befreiungsbewegung*, S. 31.

172 „Comparecencia en el programa televisado ‚Face the Nation'" (14.12.1964), in: *Escritos y discursos*, Bd. 9, S. 327. H. Gambini, der diese Passage aus dem Auftritt in der CBS-Sendung nach einer anderen Quelle zitiert, gibt als Datum den 13.12.1964 an (*El Che Guevara*, S. 426).

173 „Cuba — excepción historica o vanguardia en la lucha contra el colonialismo?", in: *Escritos y discursos*, Bd. 9, S. 30; „La guerra de guerrillas", in: *Escritos y discursos*, Bd. 1, S. 172 [die Übersetzung von Fred Herms, die allen deutschen Ausgaben dieses Textes zugrundeliegt, ist an dieser Stelle, wie häufig, etwas

ungenau; vgl. *Der Partisanenkrieg,* S. 126]; „Taktik und Strategie der lateinamerikanischen Revolution", in: *Kritik des bürgerlichen Anti-Imperialismus,* S. 144. Zur Formel „moralische Zerstörung" siehe: „Cuba, excepción...", S. 36.

174 Vgl. „Cuba, excepción historica o vanguardia en la lucha contra el colonialismo?", S. 33 f.; „Taktik und Strategie der lateinamerikanischen Revolution", S. 133 f.

175 „Guerillakrieg — eine Methode", in: *Guerillakampf und Befreiungsbewegung,* S. 35.

176 „Taktik und Strategie der lateinamerikanischen Revolution", S. 142.

177 „Proyecciones sociales del Ejército Rebelde" (27.1.1959), in: *Escritos y discursos,* Bd. 4, S. 20.

178 [Am 4. Februar 1962 versammelten sich nahezu eine Million Kubanerinnen und Kubaner in Havanna, um gegen den Ausschluß ihres Landes aus der OAS (Organisation Amerikanischer Staaten) zu protestieren. Vor dieser Kundgebung trug Fidel Castro ein Manifest vor, das „Zweite Erklärung von Havanna" genannt wurde. Deutsch: „Zweite Deklaration Havanna", in: Fidel Castro Ruz, *Fanal Kuba,* S. 371-398, Zitat S. 397.

Guevara zitiert die Passage, in der die Charakterisierung der armen Landbevölkerung enthalten ist, in: „Taktik und Strategie der lateinamerikanischen Revolution", S. 140; „Guerillakrieg — eine Methode", S. 26.]

179 „Cuba, excepción historica o vanguardia en la lucha contra el colonialismos?", S. 29, 37 f.

180 „Cuba, excepción...", S. 25. Vgl. auch die enthüllende Äußerung des kolumbianischen Präsidenten Carlos Lleras Restrepo (1966-1970), der 1966 in einem Interview erklärte: „Ich glaube, die *minifundia* sind politisch weit gefährlicher als die *latifundia* (große Landgüter). Das immer kleiner werdende Bigentum reicht nicht aus, um eine Familie zu ernähren, und das Problem der Minundien verschärft sich unaufhörlich durch die Aufteilung des Bodens, die durch Erbschaftsgesetze und durch die gewaltige Bevölkerungsexplosion herbeigeführt wird; dadurch entsteht eine Klasse von ‚proletarisierten Eigentümern', deren Einkünfte noch geringer sind als die schon armseligen Löhne der Zuckerrohrschnitter." (Zitiert nach: Norman Gall, „The Legacy of Che Guevara", in: *Commentary* [New York], Bd. 44, Nr. 6, Dezember 1967, S. 31-44, hier S. 43.) Vgl. ferner die Erklärungen des Führer der guatemaltekischen *Fuerzas Armadas Rebeldes* (FAR — Rebellische Streitkräfte) César Montes über den erstaunlichen Erfolg der Guerilla bei verarmten Bauern mit kleinem Eigentum. [Vermutlich eine Äußerung gegenüber Eduardo Galeano, der sich 1967 in Guatemala aufhielt, dort einige Zeit das Leben der Guerilleros der FAR teilte und anschließend ein informatives Buch veröffentlichte: *Guatemala, clave de Latinoamérica,* Montevideo: Ediciones de la Banda Oriental 1967, (Colección Las Voces Libres, Nr. 2); französische Ausgabe, mit einem Nachwort von April 1968: *Guatemala, pays occupé,* mit einem Vorwort von Luis Cardoza y Aragon, Paris: François Maspero 1968, (Cahiers libres, Nr. 132), siehe S. 39 f.; vgl. auch S. 35 f., 31.]

181 Vgl. *Kubanisches Tagebuch,* S. 214 f.; „Guerillakrieg — eine Methode", S. 37.

182 *Der Partisanenkrieg,* S. 41-44, Zitate S. 44, 41 (verbessert anhand des spanischsprachigen Wortlauts, vgl. „La guerra de guerrillas", in: *Escritos y discursos,* Bd. 1, S. 67, 65).

183 „Der Guerillakrieg", in: *Guerillakampf und Befreiungsbewegung,* S. 55.

184 „Cuba, excepción historica o vanguardia en la lucha contra el colonialismos?", in: *Escritos y discursos,* Bd. 9, S. 29; „Die marxistisch-leninistische Partei", in: *Brandstiftung oder Neuer Friede?,* S. 59; „Guerillakrieg — eine Methode", in: *Guerillakampf und Befreiungsbewegung,* S. 32, 47.

185 „La guerra de guerrillas", in: *Escritos y discursos,* Bd. 1, S. 33 (vgl. die vorliegende Übersetzung in: *Der Partisanenkrieg,* S. 11).

186 „Guerillakrieg — eine Methode", in: *Guerillakrieg und Befreiungsbewegung, S. 34; „Der Sozialismus und der Mensch in Kuba", in: Der neue Mensch*, S. 15; „Botschaft an die Völker der Welt", in: Castro / Guevara, S. 19.

187 *Der Partisanenkrieg*, S. 11 f.

188 *Bolivianisches Tagebuch*, S. 132. Vgl. auch den Aufruf des ELN (*Ejército de Liberación Nacional* — Nationale Befreiungsarmee) an die bolivianischen Minenarbeiter, in dem der Che schreibt: Die Guerilla wird „auf Kosten der feindlichen Armee an Stärke gewinnen und dem revolutionären Feuer der Massen als Katalysator dienen, bis zu dem Punkt, wo die revolutionäre Situation geschaffen worden ist, in der die Staatsmacht unter einem einzigen Schlag zerbrechen wird, der richtig und im geeigneten Moment versetzt wird." („A los mineros de Bolivia, Communicado No 5", in: *Escritos y discursos*, Bd. 3, S. 222f.

189 „Que es un ‚guerrillero'?", in: *Escritos y discursos*, Bd. 1, S. 193.

190 „Guerillakrieg — eine Methode", S. 25 — unsere Hervorhebung. Vgl. auch: *Der Partisanenkrieg*, S. 13 f.

191 „Prologo a *Guerra del pueblo, ejército del pueblo*", in: *Escritos y discursos*, Bd. 1, S. 228 — unsere Hervorhebung.

192 "A New Old Che Guevara Interview", in: *HAHR*, 1966, S. 290; in: *Che, Selected Works*, S. 368.

193 „Que es un ‚guerrillero'?", S. 195 f. Vgl. auch „Proyecciones sociales del Ejército Rebelde", S. 14 f.; *Der Partisanenkrieg*, S. 49, 80, 92; *Kubanisches Tagebuch*, S. 128, 147, 185, 286 f. usw.

194 „Guerillakrieg — eine Methode", in: *Guerillakampf und Befreiungsbewegung*, S. 43.

195 „La guerra de guerrillas", in: *Escritos y discursos*, Bd. 1, S. 128 [vgl. die vorliegende Übersetzung: *Der Partisanenkrieg*, S. 96 f.]. Vgl. auch *Der Partisanenkrieg*, S. 19, 93, 95. Darüber hinaus ist bekannt, daß der Che bei dem Vordringen seiner Kolonne in die Provinz Camaguey im Sommer 1958 mit Arbeiter- und Bauerngewerkschaften Kontakt aufgenommen und sogar lokale Landarbeitervereinigungen gegründet hat (siehe den Brief des Che an Fidel vom 13. September 1958, in: *Maquis* (Milano), Nr. 1, 1969, S. 53 [ebenfalls abgedruckt bei: Carlos Franqui, *El libro de los doze*, 2. Aufl., La Habana: Instituto del Libro 1969, S. 189; „A Fidel Castro sobre la invasión", in: *Escritos y discursos*, Bd. 2, S. 272].

196 „[El socialismo y el hombre en Cuba", in: *Escritos y discursos*, Bd. 8, S. 254 (etwas verkürzte Übersetzung: „Der Sozialismus und der Mensch in Kuba", in: *Der neue Mensch*, S. 15).]

197 „La guerra de guerrillas", S. 73 [unzulängliche Übersetzung: *Der Partisanenkrieg*, S. 48].

198 „Prologo a *Guerra del pueblo, ejército del pueblo*", in: *Escritos y discursos*, Bd. 1, S. 228.

199 *Der Partisanenkrieg*, S. 20.

200 „Proyecciones sociales del Ejército Rebelde", in: *Escritos y discursos*, Bd. 4, S. 12; *Kubanisches Tagebuch*, S. 148 f.; „A New Old Che Guevara Interview", in: *HAHR*, 1966, S. 291 f., in: *Che, Selected Works*, S. 369.

201 „Proyecciones sociales del Ejército Rebelde", S. 12. Dem Che zufolge sind die notwendigen Bedingungen für einen Generalstreik „nur selten vorhanden; man muß die notwendigen Faktoren schaffen, und dies geschieht, indem man die Motive der Revolution erklärt und die wirkliche Kraft des Volkes und seine Möglichkeiten demonstriert." („La guerra de guerrillas", in: *Escritos y discursos*, Bd. 1, S. 43. [Vgl. die etwas ausschmückende Übersetzung in: *Der Partisanenkrieg*, S. 20.]

202 [Den Ausdruck „por sorpresa" benutzte der Che in diesem Zusammenhang an

zwei Stellen: *Kubanisches Tagebuch*, S. 223; außerdem in der zuerst 1959 in einer brasilianischen Tageszeitung veröffentlichten Artikelfolge „Una revolución que comienza", dessen erster und letzter Teil als erstes und letztes Kapitel in die späteren Ausgaben von *Pasajes de la guerra revolucionaria* aufgenommen wurde, nach der sich die deutschen Ausgaben unter den Titeln *Episoden aus dem Revolutionskrieg* und *Kubanisches Tagebuch* richten; in ihnen wurde der Mittelteil weggelassen, in dem (unter anderem) der fehlgeschlagene Streik vom 9.4.1958 erörtert wird. Dieser Mittelteil findet sich auf Spanisch in dem Artikel „Una revolución que comienza", der in dem von Roberto Fernández Retamar herausgegebenen Band *Obra revolucionaria* als Anhang zu *Pasajes de la guerra revolucionaria* abgedruckt ist (S. 259-276, „Mittelteil" S. 262-267). Die letzten anderthalb Absätze des Mittelteils sind in der ersten deutschsprachigen Ausgabe, die unter dem Titel *Aufzeichnungen aus dem kubanischen Befreiungskrieg 1956-1959* erschienen ist (ebenso wie in den französischen Ausgaben dieses Buchs), am Anfang des Schlußkapitels enthalten (S. 188).]

203 Vgl. *Kubanisches Tagebuch*, S. 223 (sowie S. 207 f. und die Anmerkung des Herausgebers auf S. 300 f.).

204 Zitate: „Notas para el estudio de la revolución cubana", in: *Escritos y discursos*, Bd. 4, S. 207; *Kubanisches Tagebuch*, S. 224; „Notas para el estudio...", S. 208. Vgl. auch: „Proyecciones sociales del Ejército Rebelde", S. 12; *Aufzeichnungen aus dem kubanischen Befreiungskrieg*, S. 188.

205 „Kuba — historischer Einzelfall oder Vorposten im Kampf gegen den Kolonialismus?", in: *Brandstiftung oder Neuer Friede?* S. 103. Der Che hielt es jedoch aus Sicherheitsgründen für besser, die politische Führung auch in Ländern mit einem hohen Anteil städtischer Bevölkerung auf dem Lande zu belassen.

206 „Mensaje a los Argentinos" (25.5.1962), in: *Cuadernos de „Cristianismo y Revolución"*, Nr. 2, S. 22; *[Obras Completas*, Bd. 2, 1973, S. 12.]

207 Régis Debray, „Der Castrismus: Der lange Marsch Lateinamerikas", in: *Der lange Marsch*, Wege der Revolution in Lateinamerika, München: Trikont Verlag 1968, S. 79-163, Zitat S. 106. [Der Aufsatz erschien zuerst unter dem Titel „Le castrisme: la longue marche de l'Amérique Latine", in: *Les Temps Modernes* [Paris], 20. Jg., Nr. 224, Januar 1965, S. 1172-1237.]

208 [Vgl. „Kuba — historischer Einzelfall oder Vorposten im Kampf gegen den Kolonialismus?", S. 104.]

209 „Prologo a *Guerra del pueblo, ejército del pueblo*", in: *Escritos y discursos*, Bd. 1, S. 227.

210 „Prologo a *Guerra del pueblo, ejército del pueblo*", S. 228.

211 „El Partido Marxista-Leninista", in: *Escritos y Discursos*, Bd. 7, S. 4 [etwas seltsame Übersetzung: „Die marxistisch-leninistische Partei", in: *Brandstiftung oder Neuer Friede?* S. 58]; „Guerillakrieg — eine Methode", in: *Guerillakampf und Befreiungsbewegung*, S. 29.

212 Die kubanische Revolution „ist eine Revolution mit humanistischem Charakter. Sie ist solidarisch mit allen unterdrückten Völkern der Welt" („Discurso en la Quinta Sesión Plenaria del Consejo Interamericano Económico y Social, en Puenta del Este, Uruguay, 8 de agosto de 1961", in: *Escritos y discursos*, Bd. 9, S. 55).

213 „Aufgaben der kommunistischen Jugend" (20.10.1962), in: *Der neue Mensch*, S. 125; „El Partido Marxista-Leninista", in: *Escritos y discursos*, Bd. 7, S. 13 [vgl. die Übersetzung: „Die marxistisch-leninistische Partei", in: *Brandstiftung oder Neuer Friede?*, S. 64 f.] — unsere Hervorhebung.

214 „In Algerien" (26.2.1965), in: *Venceremos!* S. 162. Vgl. auch die Botschaft des Che an die Tricontinentale, in der zum ersten Mal seit den Tagen der spanischen Brigaden zur Aufstellung von „internationalen proletarischen Armeen" aufgeru-

fen wurde, „wobei das Banner, unter dem gekämpft wird, die geheiligte Sache der Erlösung der Menschheit ist, derart, daß zu fallen unter den Fahnen Viet-Nams, Venezuelas, Guatemalas, Laos', Guineas, Kolumbiens, Boliviens, Brasiliens —um nur die derzeitigen Schauplätze des bewaffneten Kampfes zu nennen —gleich ehrenvoll und erstrebenswert sein wird für einen Amerikaner, einen Asiaten, einen Afrikaner und sogar für einen Europäer." („Botschaft an die Völker der Welt", in: Castro / Guevara, S. 20.)

215 „Mensaje a los pueblos del mundo a través de la Tricontinental", in: *Escritos y discursos*, Bd. 9, S. 358. [Der Satz fehlt in der Übersetzung in Castro / Guevara, S. 11. Unsere Übersetzung: „Wenn wir die Einsamkeit Vietnams analysieren, ergreift uns wegen dieses unlogischen Moments der Menschheit Besorgnis." Vgl. auch die Übertragung von Rudi Dutschke und Gaston Salvadore: „Schaffen wir zwei, drei, viele Vietnam", in: *Guerilla-Theorie und Methode*, S. 146.]

216 „Dies war mehr als ein Altruismus der revolutionären Kräfte, es war eine zwingende Notwendigkeit, es war ein Diktat der militärischen Strategie, um einen Sieg von kontinentaler Reichweite zu erreichen, weil es keine Teilsiegen geben konnte, weil es kein anderes Resultat geben konnte als den totalen Triumph oder die totale Niederlage der revolutionären Ideen. Und dieser Moment in Amerika wiederholt sich heute (...)." („Mensaje a los Argentinos", in: „*Cristianismo y Revolución*", Nr. 2, Buenos Aires 1968, S. 21; [in: *Obras Completas*, Bd. II, 1973, S. 10].

217 Dieser Artikel, der zu seinen Lebzeiten nicht erschienen ist, wurde im Oktober 1968 von *Verde Olivo*, der Zeitschrift der *Fuerzas Armadas Rebeldes* (Rebellische Streitkräfte, die kubanische Armee), veröffentlicht.

218 „Taktik und Strategie der lateinamerikanischen Revolution", in: *Kritik des bürgerlichen Antiimperialismus*, S. 142, 143.

219 [„Zweite Deklaration von Havanna", in: F. Castro, *Fanals Kuba*, a.a.O. (Anm. 14), S. 397.]

220 „Latin America as Seen from the Afro-Asian Continent", in: *Che, Selected Works*, S. 44; „América desde el balcón afroasiático", in: *Escritos y discursos*, Bd. 9, S. 2.

221 „Solidarität mit Vietnam" (Rede vom 20.12.1963), in: *Brandstiftung oder Neuer Friede?* S. 131, 133.

222 „In Algerien", (26.2.1965), in: *Venceremos!* S. 161.

223 Andrew Sinclair, *Che Guevara*, München Deutscher Taschenbuch Verlag 1970 (Moderne Theoretiker; dtv 718), S. 96.

224 „Botschaft an die Völkr der Welt", in: Castro / Guevara, S. 13, 21.

225 [Nicolás Guillén, „Che comandante" (15.10.1967), in: *Granma*, Resumen semanal, Jg. 2, Nr. 43, 29. Oktober 1967. (Der Autor trug dieses Gedicht bei der Totenfeier für den „guerrillero heróico" auf der Placa de la Revolución in Havanna am 18.10.1967 vor. Deutsch (nachgedichtet von Gerta Stecher-Dill) in: Nicolás Guillén, *Sie gingen Gitarren jagen*, Gedichte, herausgegeben von Hans-Otto Dill, Berlin: Verlag Volk und Welt 1977, S. 169-171; Originaltext und andere Übertragung in: Gabriele Batinic, Ingrid Kerkhoff, Joachim Schmitt-Sasse (Hrsg.), *Nicolás Guillén, Cuba - Lyrik - Revolution*, Köln: Pahl-Rugenstein 1981, (Pahl-Rugenstein Hochschulschriften, Bd. 43), S. 292-295.]

226 Sven G. Papcke, „Che Guevara und die Neue Linke in der Bundesrepublik —Chronik einer psycho-politischen Jüngerschaft", in: H. R. Sonntag (Hrsg.), *Che Guevara und die Revolution*, S. 99-124, hier S. 106. [Der gesamte Redebeitrag von Jeannette Habel in: *Der Kampf des vietnamesischen Volkes und die Globalstrategie des Imperialismus*, Internationaler Vietnam-Kongreß 17./18. Februar 1968, Westberlin, herausgegeben vom SDS Westberlin und Internationales Nachrichten- und Forschungsinstitut, Berlin o.J. (1968), S. 44-49, Zitat S.

49.]

227 Rudi Dutschke, „Die Widersprüche des Spätkapitalismus, die antiautoritären Studenten und ihr Verhältnis zur Dritten Welt", in: Uwe Bergmann / Rudi Dutschke / Wolfgang Lefèvre / Bernd Rabehl, *Rebellion der Studenten oder Die neue Opposition,* Reinbek bei Hamburg: Rowohlt 1968 (rororo aktuell, Nr. 1043), S. 33-93, Zitat S. 69. [Der Beitrag erschien auf Spanisch in der kubanischen Zeitschrift *Pensamiento Critico,* Nr. 21, 1968, Zitat S. 116. Die zitierte Passage und die Formulierung „erstmalig" beziehen sich auf die Zeit Januar / Februar 1966; Rudi Dutschke zitiert unmittelbar vor und nach dieser Passage aus seinem eigenen Referat auf der Landesvollversammlung des SDS Berlin am 13. Februar 1966. Zu der „Plakataktion" von einigen Mitgliedern des Berliner SDS in der Nacht vom 3. zum 4. Februar 1966 vgl.: Tilman Fichter / Siegward Lönnendonker, *Kleine Geschichte des SDS*, Der Sozialistische Deutsche Studentenbund von 1946 bis zur Selbstauflösung, Berlin, Rotbuch Verlag 1977 (Rotbuch 174), S. 91-93; Ulrich Chaussy, *Die drei Leben des Rudi Dutschke*, Eine Biographie, Darmstadt und Neuwied, Luchterhand 1983, S. 118-121, 125-132 (Taschenbuchausgabe: Frankfurt a. M.: Fischer Taschenbuch Verlag 1985, Nr. 4342, S. 98-101, 105-111); Jürgen Miermeister, *Rudi Dutschke,* Reinbek bei Hamburg, Rowohlt 1968 (rororo Bildmonographie Nr. 349), S. 58-61.]

228 „Studenten: Dutschke — Der lange Marsch", in: *Der Spiegel*, 21. Jg., Nr. 51, 11. Dezember 1967, S. 52-66, Zitat S. 53.

Anhang

Lektüre des Che

Es handelt sich hier nur um eine unvollständige Liste; sie enthält Schriften, die der Che selber zitiert oder von denen aus sicherer Quelle bekannt ist, daß er sie gelesen hat.

[Ergänzungen des Bearbeiters der deutschen Ausgabe in eckigen Klammern. Die Jahreszahlen nach den Titel der literarischen Werke bezeichnen das Datum der ersten Veröffentlichung in der Originalsprache.]

1. Belletristik

a) Weltliteratur

[Miguel de] Cervantes, *Don Quijote de la Mancha* [1605/1615].
Dieser Grundpfeiler der hispanischen Kultur hat auf die kubanischen Revolutionäre einen großen Einfluß. Der Che las seinen Soldaten in der Sierra Maestra daraus Auszüge vor.
[Johann Wolfgang von] Goethe, *Faust* [Der Tragödie erster Teil, 1808].
[Stéphane] Mallarmé.
[Paul] Verlaine.
[Charles] Baudelaire.
Alexandre Dumas.
Jules Verne
Jack London, *Love of Life* [1907].
Robert Louis Stevenson.
Emilio Salgari.
Giovanni Papini, *Gog* [1931].

Diese Bücher las der Che als Jugendlicher in seinem Elternhaus in Argentinien.

Julius Fucik, *Reportáz psaná na oprátce [Reportage, unter dem Strang geschrieben,* verfaßt 1943, veröffentlicht 1945].
[Aleksandr Aleksandrowitsch] Fadejew, *Molodaja gwardija* [*Die junge Garde,* 1945; umgearbeitete 2. Ausgabe 1951].

Diese Schriften von kommunistisch ausgerichteten Autoren las der Che 1954 in Mexiko.

b) Hispano-amerikanische Literatur

Alejo Carpentier, *El siglo de las luces* [1958].
León Felipe, *El ciervo* (Gedichte) [1958].

Benito Pérez Galdós.
José Hernández, *Martin Fierro* [1872/1879].
Jorge Icaza, *Huasipungo* [1934].

Dieses Buch, das der Che 1954 las, hatte auf ihn sehr wahrscheinlich eine tiefe Wirkung. Es beschreibt die brutale und unmenschliche Ausbeutung der indianischen Bauern durch die Grundherren, die sich mit dem Imperialismus verbündet haben, und ihre spontane Revolte, die blutig niedergeschlagen wird. Dieses Werk hat für den Che vermutlich dieselbe Rolle gespielt wie [Honoré de] Balzacs *Les Paysans* (Die Bauern) [1844] in der Herausbildung von Marx' Denken über die Bauernschaft [vgl. *Das Kapital*, Dritter Band, MEW, Bd. 25, S. 49].

Pablo Neruda, *Canto General* [1950].
[José] Enrique Rodó, *Ariel* [1900].

2. Marxismus-Leninismus

Karl Marx, *Das Kapital* [Erster Band: 1867; Zweiter Band: 1890; Dritter Band: 1894].

Der Che las dieses Werk 1954/55 in Guatemala und Mexiko, in der Periode seiner Annäherung an den Kommunismus, zum ersten Mal. 1963/64 las er es während der großen Wirtschaftsdebatte erneut. Er nannte es ein „Denkmal menschlicher Intelligenz" [„Über das Budget-Finanzierungssystem", in: *Wertgesetz, Planung und Bewußtsein*, S. 48] und stützte sich bei seinen Polemiken gegen die Anhänger des „Marktsozialismus" auf diese Bände.

Karl Marx, *Ökonomisch-philosophische Manuskripte aus dem Jahre 1844* [1932].

Karl Marx, *Das Elend der Philosophie* [Antwort auf Proudhons „Philosophie des Elends", 1847].

Karl Marx, *Kritik des Gothaer Programms* [1875].

Wahrscheinlich hat der Che auch die politischen Schriften von Marx gelesen, auch wenn er sie nicht ausdrücklich erwähnt: das *Manifest der Kommunistischen Partei* [1847], *Der achtzehnte Brumaire des Louis Bonaparte* [1852], *Der Bürgerkrieg in Frankreich* [1871].

W. I. Lenin, *Staat und Revolution* [Die Lehre des Marxismus vom Staat und die Aufgaben des Proletariats in der Revolution, 1917].

W. I. Lenin, *Der Imperialismus als höchstes Stadium des Kapitalismus* [Gemeinverständlicher Abriß, verfaßt 1916, zuerst veröffentlicht 1917].

W. I. Lenin, *Über die Losung der Vereinigten Staaten von Europa* [1915].

W. I. Lenin, *Problemas de la edificación del socialismo y del comunismo en la URSS* [Moscú: Ediciones en Lenguas Extranjeras o. J.].

Von den Texten in diesem Sammelband war der Che besonders an

Lenins Polemik gegen den menschewistischen Historiker Suchanow („Über unsere Revolution", Januar 1923), interessiert, die er in bezug auf die Diskussionen, die auf Kuba geführt wurden, für sehr aktuell erachtete.

W. I. Lenin, *Das Militärprogramm der proletarischen Revolution* [verfaßt 1916, zuerst veröffentlicht 1917].

Leo Trotzki, *Geschichte der russischen Revolution* [Bd. 1: Februarrevolution, 1931; Bd. 2: Oktoberrevolution, 1932/33].

Dieses Buch wurde von der bolivianischen Armee [Ende Juli 1967] in einem der Verstecke der Guerilla gefunden. Der Che erwähnt es in seinem Tagebuch [Eintragung vom 31. Juli 1967, *Bolivianisches Tagebuch*, S. 157; vgl. auch H. Gambini, *El Che Guevara,* S. 490]. Es ist schwierig zu deuten, warum er gerade dieses und nicht irgendein anderes Buch von Trotzki auswählte: Glaubte er, die Oktoberrevolution als *proletarischer Aufstand* habe in bezug auf die bolivianischen Verhältnisse eine besondere Bedeutung? Es sei daran erinnert, daß Debray in seinem Aufsatz „Der Castrismus: Der lange Marsch Lateinamerikas" [1965] davon spricht, Bolivien sei das einzige lateinamerikanische Land, in dem (in den Minen) ein Arbeiteraufstand vom Rätetypus möglich wäre [in: *Der lange Marsch*, S. 97]. Außerdem spricht der Che in seinem Brief an die Bergarbeiter Boliviens von der Rolle des Bergarbeiterproletariats, das dank der Bedingungen, die durch die militärische Entwicklung der Guerilla und ihre Rolle als politischer Katalysator geschaffen wurden, „die Staatsmacht unter einem einzigen Schlag zerbrechen" lassen kann, „der richtig und im geeigneten Moment versetzt wird." [Siehe Anm. 188.] Wie dem auch sei, der Umstand, daß er dieses Buch in den bolivianischen *maquis* mitnahm, zeigt, daß er im letzten Abschnitt seines Lebens der bolschewistischen Tradition im allgemeinen und Trotzkis Denken im besonderen großes Interesse entgegenbrachte.

J. V. Stalin, *Cuestiones del leninismo* [Moscú: Ediciones en Lenguas Extranjeras 1941].
[Deutsche Ausgabe dieses Sammelbands: *Fragen des Leninismus*, nach der 11. russischen Auflage (1939), Moskau: Verlag für fremdsprachige Literatur 1943.]

Mao Tse-tung, *Militärische Schriften.*
[Es ließ sich nicht ermitteln, um welche Texte im einzelnen es sich handelt. Zu vermuten ist, daß der Che die Schriften bzw. Vorträge Maos aus der zweiten Hälfte der dreißiger Jahre las, die auf Deutsch unter dem Titel *Theorie des Guerillakrieges oder Strategie der Dritten Welt* erschienen (Reinbek bei Hamburg: Rowohlt 1966) sowie in Band I oder II der *Ausgewählten Werke* (Peking: Verlag für Fremdsprachige Literatur 1968) enthalten sind.]

Der Che las Mao 1958 in der Sierra Maestra, und es steht fest, daß er aus dieser Lektüre, wie er selber sagt, viel gelernt hat [vgl. „A New Old Che Guevara Interview" (18.4.1959), in: *HAHR*, 1966, S. 290; in: *Che, Selected Works*, S. 368]. Im Hinblick auf Strategie und Taktik der Guerilla, auf die Beziehungen zwischen Guerilla und Bauernmassen usw. ist eine beträchtliche Nähe zu Mao festzustellen. Dagegen übernimmt der Che im Hinblick auf die eigentlich „politische" Ebene bestimmte klassische maoistische Analysen („neue Demokratie", „Block der vier Klassen" usw.) nicht, eben weil seine Konzeption die der permanenten Revolution ist.

[Vo Nguyen] Giap, *Guerre du Peuple, armée du peuple* [zuerst als Buch veröffentlicht: Hanoi: Editions en langues étrangeres 1961.]
[Deutsche Ausgabe: Vo Nguyen Giap, *Volkskrieg, Volksarmee*, München: Trikont Verlag 1968.]

1964 schrieb Guevara eine Einleitung zu der kubanischen Ausgabe dieses Buchs [*Guerra del pueblo,m ejército del pueblo*, La Habana: Edition Politica 1964]. Giaps Arbeit ermöglichte es ihm, seine Theorie des revolutionären Kriegs um die Lehren der indochinesischen Revolution zu bereichern: Beziehungen zwischen Armee und Volk, Rolle der städtischen Massen, Rolle der leninistischen Partei usw.

Manual de marxismo-leninismo [La Habana: Imprenta Nacional de Cuba 1961].
[Deutsche Ausgabe aus demselben Zeitraum: *Grundlagen des Marxismus-Leninismus*, Lehrbuch, nach der 2., überarbeiteten und ergänzten russischen Ausgabe (1962), 6., überarbeitete und ergänzte Auflage, Berlin: Dietz Verlag 1963.]

Ein Kapitel aus diesem Buch [von einem Autorenkollektiv, Leiter: O. W. Kuusinen] wurde zusammen mit einigen Reden von Fidel 1963 auf Kuba unter dem Titel *El partido marxista-leninista* (Die marxistisch-leninistische Partei) veröffentlicht. Der Che schrieb dazu eine Einleitung, eines der wenigen Dokumente, in denen er sich ausdrücklich mit der leninistischen Theorie der Partei, „Vorhut der Arbeiterklasse, Führerin ihrer Klasse, die den Weg zum Sieg zu zeigen vermag", identifiziert.

3. Politische Ökonomie

Academia de Ciencias de la U.R.S.S., Instituto de Economia, *Manual de economia politica* [La Habana: Imprenta de Cuba, Ciencias económicas y sociales 1960].
[Deutsche Ausgabe aus demselben Zeitraum: Akademie der Wissenschaften der UdSSR, Institut für Ökonomie, *Politische Ökonomie*, Lehrbuch, nach der 4., überarbeiteten und ergänzten russischen Ausgabe (1962),

Berlin: Dietz Verlag 1965.]

Paul A. Baran, *The Political Economy of Growth* [New York: Monthly Review Press 1957; 2., erweiterte Ausgabe: 1962].
[Deutsche Ausgabe: *Politische Ökonomie des wirtschaftlichen Wachstums,* mit einem Nachwort von Paul M. Sweezy, Neuwied - Berlin: Hermann Luchterhand 1966, (Soziologische Texte, Bd. 42).]
Charles Bettelheim, „Formas y métodos de la planificación socialista y nivel de desarrollo de las fuerzas productivas", in: *Cuba Socialista*, Jg. IV, Nr. 32, April 1964, S. 51-78.
[Französisch: „Formes et méthodes de la planification socialiste et niveau de développement des forces productives", in: Charles Bettelheim, *La transition vers l'économie socialiste,* Paris: François Maspero 1968, (Economie et Socialisme, Bd. 9), S. 129-152.]
[Deutsch: „Formen und Methoden der sozialistischen Planung und der Entwicklungsstand der Produktivkräfte", in: *Wertgesetz, Planung und Bewußtsein*, S. 80-107.]

I. Ivonin, „Los Combinados de Empresas Soviéticas (La nueva forma de administración de las industrias)", in: *Nuestra Industria, Revista Económica,* Jg. 1, Nr. 4, Dezember 1963.
[Original: „Aktualne problemy nauk ekonomicznych w Polsce" (Gegenwärtige Probleme der Wirtschaftswissenschaften in Polen [Vortrag auf dem II. Kongreß der Wirtschaftswissenschaften, 7.-10.6.1956], in: *Dowe Drogi* (Warszawa), Jg. X, Nr. 6(84), Juni 1956, S. 24-35.]

Oskar Lange, „Los problemas actuales de la ciencia económica en Polonia".
[Original: „Aktualne problemy nauk ekonomicznych w Polsce" (Gegenwärtige Probleme der Wirtschaftswissenschaften in Polen [Vortrag auf dem II. Kongreß der Wirtschaftswissenschaften, 7.-10.6.1945]), in: *Nowe Drogi* (Warszawa), Jg. X, Nr. 6(84), Juni 1956, S. 24-35.]

Ernest Mandel, „Las categorias mercantiles en el periodo de transición", in: *Nuestra Industria, Revista Económica*, Jg. 2, Nr. 7, Juni 1964.
[Nachgedruckt in: *Trimestre, Suplemento del Directorio Financiero*, Nr. 8, Oktober-Dezember 1964.]
[Deutsch: „Die Warenkategorien in der Übergangsperiode", in: *Wertgesetz, Planung und Bewußtsein,* S. 108-144.

Ernest Mandel, *Traité d'economie marxiste* [2 Bände, Paris: René Julliard 1962].
[Deutsche Ausgabe: *Marxistische Wirtschaftstheorie,* Frankfurt a. M.: Suhrkamp Verlag 1968.]

Victor Perlo, *The Empire of High Finance* [New York: International Publishers 1957].
[Deutsche Ausgabe: *Das Reich der Hochfinanz,* Berlin: Dietz Verlag 1960.]

Fikriat Tabeiev, „Investigación económica y dirección de economia“, in: *Revista International* (Praha), Nr. 11, November 1963.
[Deutsch: Fikrjat Tabejew, „Ökonomisches Experimentieren und die Leitung der Wirtschaft“, in: *Probleme des Friedens und des Sozialismus* (Berlin, DDR), 6. Jg., Nr. 11 (63), November 1963, S. 904-910.]

In der Mehrzahl sind dies Schriften, die er im Zusammenhang mit der Wirtschaftsdebatte 1963/64 las.

4. Lateinamerika

Simón Bolivar.

Fidel Castro.

Jesús Silva Herzog.

Die Erfahrung der mexikanischen Regierung Cárdenas [1934-1940] hat den Che beeinflußt, der 1960, zu dem Zeitpunkt, als er sich auf die Enteignung der Erdölkonzerne auf Kuba vorbereitete, Schriften von Silva Herzog las, dem mexikanischen Ökonomen [und Historiker], der das Gesetz zur Enteignung der Erdölquellen aus dem Jahre 1938 verfaßte.

Gabriel del Mazo, *Estudiantes y gobierno universitario* [Bases doctrinarias y técnica representativa en las universidades argentinas y americanas, Buenos Aires: el Ateneo 1946].

José Marti.

Wie alle kubanischen Revolutionäre empfand der Che eine tiefe Verehrung für Marti, dessen mehr oder minder sozialistischen Artikel über den 1. Mai und den Arbeiterkampf in den Vereinigten Staaten er besonders schätzte. [Vgl. „Discurso en la conmemoración del natalicio de José Marti“ (28.1.1960), S. 57.]

[José Marti, „La guerra social en Chicago“ (New York, 13.11.1887), zuerst veröffentlicht in: *La Nación* (Buenos Aires), 1.1.1888; abgedruckt u.a. in: J. Marti, *Paginas escogidas,* in 2 Bänden, herausgegeben und eingeleitet von Roberto Fernández Retamar, La Habana: Instituto del Libro / Ediciones Politicas 1968, Bd. I, S. 349-382. — Deutsch: „Der Sozialkrieg in Chikago“, in: J. Marti, *Mit Feder und Machete*, Gedichte, Prosaschriften, Tagebuchaufzeichnungen, herausgegeben von Hans-Otto Dill, Berlin, DDR: Rütten und Loening 1974, S. 97-132; 2., erweiterte Auflage: 1986, S. 230-265.]

Régis Debray, *Révolution dans la révolution?* [Lutte armée et lutte politique en Amérique latine, Paris: François Maspero 1967, (Cahiers libres, Nr. 98)].
[Kubanische Ausgabe: *Revolución en la revolución?* mit einer Einleitung von Roberto Fernández Retamar, La Habana: Casa de las Americas 1967,

(Cuadernos de la revista Casa de las Americas; Hechos/ideas, Nr. 1).]
[Deutsche Ausgabe: *Revolution in der Revolution?* Bewaffneter Kampf und politischer Kampf in Lateinamerika, München: Trikont Verlag 1967.]

Anscheinend hatte der Che einige Kritik an Debrays Buch, die er als Randbemerkungen in sein Exemplar notierte, das später in die Hände der bolivianischen Armee fiel. [Vgl. *Bolivianisches Tagebuch*, Eintragung vom 31. Juli 1967, S. 157; Äußerung von Régis Debray am 1. Juli 1967, zitiert in: Rubén Vásquez Diaz, *La Bolivie à l'heure du Che*, François Maspero 1968, (Cahiers libres, Nr. 120), S. 33.]

5. Verschiedenes

[Carl von] Clausewitz, *Vom Kriege* [Hinterlassenes Werk des General Carl von Clausewitz, Erstausgabe in drei Teilen, Berlin 1832-34].

Milovan Djilas, *The New Class* [An Analysis of the Communist System, New York: Frederick A. Praeger 1957].
[Deutsche Ausgabe: *Die neue Klasse*, Eine Analyse des kommunistischen Systems, München: Kindler Verlag 1958.]

Frantz Fanon, *Les damnés de la terre*, [mit einem Vorwort von Jean-Paul Sarte, Paris: François Maspero 1961, (Cahiers libres, Nr. 27/28)].
[Deutsche Ausgabe: *Die Verdammten dieser Erde*, Frankfurt a.M.: Suhrkampf Verlag 1966.]
Der Che hatte sich 1965 vorgenommen, eine Einleitung zu Fanons Arbeit zu schreiben, die er auf Kuba veröffentlichen ließ. [Vgl. Anm. 158.]

Ernst Fischer, *The Necessity of Art* [A Marxist Approach, Baltimore: Penguin Books 1963].
[Entsprechende deutsche Ausgabe: *Von der Notwendigkeit der Kunst*, Hamburg: Claassen Verlag 1967; unveränderter Nachdruck, mit einem Nachwort von Karl-Markus Gauß unter Mitarbeit von Ludwig Hartinger, Frankfurt a.M.: Sendler Verlag 1985.]

Marshal V. D. Sokolovskii, *Military Strategy* [Soviet Doctrine and Concepts, mit einer Einleitung von Raymond L. Garthoff, New York: Praeger 1963].
[Originalausgabe: *Voennaja strategija*, pod redakzie Marschala Sowjetskowo Sojusa V. D. Sokoloswkowo, Moskwa: Voennoje isdateljstwo Ministerstwa Oboroni SSSR 1962; 2., verbesserte und ergänzte Auflage: 1963.]
[Deutsche Ausgaben, nach der 2. russischen Auflage: *Militär-Strategie*, herausgegeben unter der Redaktion von Marschall der Sowjetunion W. D. Sokolowski, eingeleitet und mit Anmerkungen von Uwe Nerlich, Köln: Markus-Verlag 1965; *Militärstrategie*, unter Redaktion von Marschall der Sowjetunion W. D. Sokolowski, Berlin: Deutscher Militärverlag 1966.]

Literaturverzeichnis

Das Verzeichnis der Anthologien wurde (mit Ausnahme der unter Punkt 6 genannten Bände) aus der französischen Originalausgabe übernommen und — abgesehen von einigen Ergänzungen des Herausgebers, die meistens durch eckige Klammern kenntlich gemacht sind — unverändert gelassen, um zu verdeutlichen, welche Ausgaben bis Anfang 1970 erschienen waren und dem Autor zur Verfügung standen. Hinzugefügt wurden eine Liste wichtiger Ausgaben, die 1970 und in den folgenden Jahren veröffentlicht wurden, ein Verzeichnis der deutschsprachigen Buch- und Broschürenausgaben der Texte des Che sowie eine Auswahl der deutschsprachigen Biographien über den Che.

Anthologien der Texte des Che

1. Ausgaben in spanischer Sprache

Obras Completas, in 3 Bänden, Buenos Aires: Ediciones del Plata 1968.

Obra revolucionaria, ausgewählt und eingeleitet von Roberto Fernández Retamar, México, D.F.: Ediciones Era 1967, (El hombre y su tiempo). 2., unveränderte Auflage: Februar 1968; 3., unveränderte Auflage: Februar 1969, 4., unveränderte Auflage: April 1971.

Sehr interessante Einleitung von R. Fernández Retamar, dem Herausgeber der Zeitschrift *Casa de las Americas* [datiert: La Habana, Dezember 1967].

[Kürzere erste Fassung dieser Einleitung vom Oktober 1966 mit einem Zusatz vom Oktober 1967 auf Deutsch in: *Venceremos!* S. 5-19.]

Cartas ineditas, Montevideo: Editorial Sandino 1967.

Pensamiento Critico, Nr. 9 Oktober 1967.

Dem Che gewidmete Sondernummer.

Che, La Habana: Editorial de Ciencias Sociales del Instituto del Libro 1969, (Ediciones Politicas).

Enthält unveröffentlichte Briefe und Dokumente aus der Epoche der kubanischen Guerilla sowie Artikel zu militärischen Fragen, die der Che unter einem Pseudonym in *Verde Olivo*, der Zeitschrift der kubanischen revolutionären Streitkräfte. [Mit zahlreichen Karten zu den militärischen Operationen und 58 „Dokumenten der Tyrannei". Herausgegeben von der Historischen Sektion der Politischen Direktion des MINFAR, des Ministeriums der Revolutionären Streitkräfte.]

2. Ausgaben in französischer Sprache

OEuvres, in 4 Bänden, Paris: François Maspero 1968, (petite collection maspero, Nr. 34, 35, 36, 37). Bd. I: *Textes militaires* (enthält die oben erwähnte Einleitung von Rotamar); Bd. II: *Souvenirs de la guerre révolutionnaire;* Bd. III: *Textes politiques; Bd. IV: Journal de Bolivie.*

Diese Ausgabe enthält die zuvor [im Verlag] von François Maspero veröffentlichten Schriften des Che und ergänzt sie.

[Nachträglich erschienen zwei weitere Taschenbuchbände: E. Che Guevara, *OEuvres*, Bd. V: *Textes inédits,* mit einer Vorbemerkung von Michael Löwy, Bd. VI: *Textes inédits,* Paris: François Maspero 1972, (petite collection maspero, Nr. 101, 102).]

Jean-Jacques Nattiez, *Ernesto „Che" Guevara,* mit Photos von Roger Pic, Paris: Edition Seghers 1970, (Destines politiques, Bd. 8).

3. Ausgaben in englischer Sprache

Che Guevara Speaks, Selected Speeches and Writings, herausgegeben von George Lavan, New York: Merit Publishers 1967, New York: Grove Press 1967.

Verlegt von den amerikanischen Trotzkisten, mit einem Vorwort von Joseph Hansen.

Venceremos! The Speeches and Writings of Ernesto Che Guevara, herausgegeben, mit Anmerkungen und einer Einleitung von John Gerassi, New York: The Macmillan Press 1968 / London: Weidenfeld and Nicolson 1968.

Che, Selected Works of Ernesto Guevara, herausgegeben und eingeleitet von Rolando E. Bonachea und Nelson P. Valdes, Cambridge, Massachussetts und London: The MIT Press 1969.

Die Herausgeber sind aus Kuba emigriert. Der Band enthält die vollständigste Bibiliographie der Schriften des Che.

4. Ausgaben in italienischer Sprache

Scritti, discorsi e diari de guerriglia, 1959-1967, herausgegeben von Laura Gonzalez, Torino: G. Einaudi 1969, (Nuova Universale Einaudi, Bd. 1969.

Opere, in 3 Bänden, herausgegeben von Carlos Varela, Milano: Feltrinelli 1968/69.

Bd. I: *La guerra rivoluzionaria;* Bd. II: *Le scelte di una vera rivoluzione;* Bd. III: *Nella fucina del socialismo* (2 Teilbände).

5. Ausgaben in deutscher Sprache

Brandstiftung oder Neuer Friede?

Detailliertes Verzeichnis von Zeitungs- und Zeitschriftenartikeln über den Che.

Hasta la victoria, siempre.
Biographie des Che von ihm selbst und in Form verschiedener Zeugenberichte.

Che Guevara und die Revolution.
Texte des Che und über den Che.

6. Weitere wichtige Ausgaben

„Che" Guevara on Revolution, A Documentary Overview, herausgegeben und eingeleitet von Jay Mallin, Coral Gables, Florida: University of Miami Press 1969.

The Complete Bolivian Diaries of Ché Guevara, and Other Captured Documents, herausgegeben und eingeleitet von Daniel James, New York: Stein and Day 1968.
Ernesto Che Guevara, *Escritos y discursos*, in 9 Bänden, La Habana: Editorial de Ciencias Sociales 1977, (Ediciones Politicas).
Die ersten drei Bände dieser Ausgabe, die von Juan José Soto Valdespino vorbereitet wurde, erschienen in einer ersten Auflage 1972 aus Anlaß des 5. Jahrestages des Todes des Che im selben Verlag, der zum Kulturministerium Kubas gehört.

Die zunächst auf 6 Bände angelegte Ausgabe wurde auf 9 erweitert, da bei der Vorbereitung zahlreiche vorher unzugängliche und praktisch unbekannte Texte des Che aufgefunden wurden. Die Bände 4 bis 8 enthalten „in strikt chronologischer Anordnung alle Texte des Kommandanten Guevara, die sich grundlegend mit der internen Problematik der Kubanischen Revolution oder mit der Geschichte unseres Landes befassen" („Nota Editorial", Bd. 4, S. 1).

Bd. 1 — militärische Schriften; Bd. 2 — *Pasajes de la guerra revolucionaria,* einige Briefe aus den Jahren 1957 und 1958; Bd. 3 — *Diario* aus Bolivien, mit der Einleitung von Fidel Castro, im Anhang 5 Kommuniqués des ELN und zwei andere Texte; Bd. 4 — Texte von Januar 1959 bis Oktober 1960; Bd. 5 — Texte aus dem Jahr 1961; Bd. 6 — Texte aus dem Jahr 1962; Bd. 7 — Texte aus dem Jahr 1963; Bd. 8 — Texte aus dem Jahr 1964 sowie „El socialismo y el hombre en Cuba"; Bd. 9 — Texte zu internationalen Themen sowie eine Auswahl von 20 persönlichen Briefen aus den Jahren '59 bis '66.

Ernesto Che Guevara, *Obras 1957-1967*, in 2 Bänden, La Habana: Casa de las Americas 1970, (Colección Nuestra America).
Bd. I: *La acción armada;* Bd. II: *La transformación politica, económica y social.*

Ernesto Che Guevara, *Obras compleatas*, in 4 Bänden, Buenos Aires: Ediciones Argentinas / Ese Editor / Distribuidora Baires 1973/1974, (Papeles Politicos).

Donald C. Hodges, *The Legacy of Che Guevara*, A Documentary Study, London: Thames and Hudson 1977.

Der Band soll „Guevaras Erbe“ dokumentierten und seiner Erforschung dienen. Er enthält im ersten Teil kurze Auszüge aus 9 Texten des Che aus den Jahren 1957 bis 1967. Im zweiten Teil sollen die „Spaltungen“ innerhalb des lateinamerikanischen Guevarismus durch 20 Dokumente belegt werden. Der dritte Teil enthält 18 Texte, die den Einfluß des „Guevarismus“ auf Befreiungsbewegungen der Dritten Welt — und zwar auf traditionelle Kommunistische Parteien, lateinamerikanischen Trotzkismus, dissidente Sozialisten, Anarchismus, Peronismus und revolutionäre Christen — zeigen sollen. Der vierte Teil soll die Rolle des Guevarismus in industriell fortgeschrittenen Ländern verdeutlichen, und zwar durch Texte des *Weatherman* (USA), der RAF und von *Lotta Continua*. „Guevarismus“ wird in recht oberflächlicher, „wissenschaftlicher“ Manier definiert und von dem Herausgeber in seiner Einleitung abgehandelt. Der Band macht aber auch denjenigen, die nicht Spanisch lesen, eine Reihe wichtiger Texte lateinamerikanischer revolutionärer Bewegungen aus den Jahren 1966 bis 1973 zugänglich.

Für Herbst 1987 ist außerdem eine Auswahl in Vorbereitung, die in Zusammenarbeit mit einem kubanischen Verlag herausgegeben wird: *Che*, Writings and Speeches of Ernesto Che Guevara, herausgegeben von David Deutschmann, Sydney: Pathfinder Press / Pacific and Asia 1987.

Übersetzungen der Werke des Che ins Deutsche

Die bibliographischen Angaben erheben keinesfalls den Anspruch auf Vollständigkeit. Insbesondere wurde auf die Nennung verschiedener Auflagen, der Raubdrucke usw. verzichtet. Genannt wurden jeweils die ersten Auflagen und die wichtigsten Nachdrucke bzw. Neuauflagen.

1. Buchausgaben

Ernesto Che Guevara, *Aufzeichnungen aus dem kubanischen Befreiungskrieg 1956-1959*, mit einem einleitenden Text von Fidel Castro, [aus dem amerikanischen Englisch] übersetzt von Reinhold Neumann-Hoditz, Reinbek bei Hamburg: Rowohlt Taschenbuch Verlag 1969, (Rowohlt Paperback, Bd. 71). — 208 Seiten.

Ernesto Che Guevara, *Bolivianisches Tagebuch*, mit einem Vorwort von Fidel Castro, [aus dem Spanischen] übersetzt von A. Aschenbrenner, J. Gunther, W. Hauck, G. Kaufmann, J. Reblitz, A. Rubia, J. Sauri, W. Wurster, München: Trikont Verlag 1968, (trikont aktuell, Nr. 5) — 220 Seiten.

Von der 5. Auflage (1973) bis zur 9. Auflage (1979) enthält der Band im Anhang Nachdrucke der Ausgaben von „Partisanenkrieg — eine Methode" und „Mensch und Sozialismus auf Cuba" sowie der „Botschaft an die Völker der Welt", die 1968 bzw. 1967 im selben Verlag erschienen waren. Bei der 11. Auflage (1981) wurde Fidel Castros „notwendige Einführung" als Nachwort abgedruckt und eine (unsäglich dumme) spiritualistisch motivierte „Einführung" von Herbert Röttgen und Christine Thurn beigefügt. Die Taschenbuchausgabe folgt bedauerlicherweise dieser Fassung; sie enthält dieselben Fehler und die überflüssige Einführung, nicht jedoch den Bildteil, den alle anderen deutschsprachigen Ausgaben enthalten.

Che Guevara, *Bolivianisches Tagebuch*, Dokument einer Revolution, mit einem Vorwort von Herbert Röttgen und Christiane Thurn und einer Einführung von Fidel Castro, Reinbek bei Hamburg: Rowohlt Taschenbuch Verlag 1986, (rororo, Nr. 8312). — 219 Seiten.

Ernesto Che Guevara, *Brandstiftung oder Neuer Friede?* Reden und Aufsätze, herausgegeben, mit einem Nachwort versehen und [aus dem Spanischen] ins Deutsche übertragen von Sven G. Papcke, Reinbek bei Hamburg: Rowohlt Taschenbuch Verlag 1969, (rororo aktuell, Nr. 1154). — 187 Seiten.

Che Guevara, *Brief an das Exekutivsekretariat von OSPAAL*, Schaffen wir zwei, drei, viele Vietnam, eingeleitet und übersetzt von Gaston Salvatore und Rudi Dutschke, 1. Auflage, Berlin: Oberbaumpresse 1967, (Kleine Revolutionäre Bibliothek, herausgegeben von G. A. Petermann, Nr. 1). —16 Seiten.

Che Guevara, *Brief an das Exekutivsekretariat von OSPAAL*, Schaffen wir zwei, drei, viele Vietnam! Das Wesen des Partisanenkampfes, [aus dem Spanischen] übersetzt und eingeleitet von Gaston Salvadore und Rudi Dutschke, 2., erweiterte Auflage, Berlin: Oberbaumpresse o.J. [1967], (Kleine Revolutionäre Bibliothek, herausgegeben von G. A. Petermann, Nr. 1). — 47 Seiten.

Ernesto Che Guevara, *Episoden aus dem Revolutionskrieg*, aus dem Spanischen übersetzt von Kristiana Hering, redigiert und mit Anmerkungen von Ulrich Kunzmann, Leipzig: Verlag Philipp Reclam jun. 1978, (Reclams Universal-Bibliothek, Bd. 765). — 247 Seiten.
Lizenzausgabe: Frankfurt a. M.: Röderberg-Verlag 1979, (Röderberg-Taschenbuch, Bd. 74).

Ernesto Che Guevara, *Guerilla — Theorie und Methode*, Sämtliche Schriften zur Guerillamethode, zur revolutionären Strategie und zur Figur des Guerilleros, herausgegeben von Horst Kurnitzky, [aus dem Spanischen] übersetzt von Leon Biber, Horst Kurnitzky, Rudi Dutschke, Gaston Salvatore und anderen, Berlin (West): Verlag Klaus Wagenbach 1968, (Rotbuch, Nr. 9). — 158 Seiten.

Ernesto Che Guevara, *Guerillakampf und Befreiungsbewegung*, [aus dem Spanischen] übersetzt von Fred Herms, überarbeitet von Horst-Eckart Gross, Dortmund: Weltkreis Verlag 1986, (Ausgewählte Werke in Einzelausgaben, herausgegeben von Horst-Eckart Gross, Bd. 1). 215 Seiten.

Ernesto Che Guevara, *Kubanisches Tagebuch*, [aus dem Spanischen] übersetzt von Kristina Hering, überarbeitet von Horst-Eckart Gross, Dortmund: Weltkreis Verlag 1987, (Ausgewählte Werke in Einzelausgaben, herausgegeben von Horst-Eckart Gross, Bd. 2). — 302 Seiten.

Ernesto Che Guevara, *Der neue Mensch*, Entwürfe für das Leben in der Zukunft, ausgewählt, [aus dem Spanischen] übertragen und eingeleitet von Horst-Eckart Gross, Dortmund: Weltkreis Verlag 1984. 176 Seiten.

Ernesto Che Guevara, *Ökonomie und neues Bewußtsein*, Schriften zur politischen Ökonomie, herausgegeben von Horst Kurnitzky, aus dem Spanischen übertragen von Alex Schubert, Berlin (West), Verlag Klaus Wagenbach, (Rotbuch, Nr. 8). — 156 Seiten.

Ernesto Che Guevara, *Der Partisanenkrieg*, [aus dem Spanischen] ins Deutsche übertragen von Fred Herms, Berlin: Deutscher Militärverlag 1962. — 149 Seiten.
Unveränderter Nachdruck: Berlin (West): Rixdorfer Verlagsanstalt o.J. [1981].

Ernesto Che Guevara, *Partisanenkrieg — eine Methode / Mensch und Sozialismus auf Cuba,* herausgegeben vom Sozialistischen Deutschen Studentenbund Köln und vom Sozialistischen Deutschen Studentenbund München, Köln und München: o.V. 1966, (Fazit-Reihe, Nr. I, 66). — 63 Seiten.

Ernesto Che Guevara, *Partisanenkrieg — eine Methode / Mensch und Sozialismus auf Cuba*, aus dem Spanischen übersetzt von R. Führer, mit „Nachruf auf ‚Che' von Peter Weiss", München: Trikont Verlag 1968, (trikont aktuell, Nr. 2) — [VIII], 48 Seiten.

Ernesto Che Guevara, *Venceremos! Wir werden siegen*, herausgegeben von Lothar Menne, mit einer Einleitung von Roberto Fernández Retamar, aus dem Spanischen übersetzt von Winfried Hauck, Lothar Menne, Irma Reblitz, Peter Schenkel, Frankfurt a. M.: Europäische Verlagsanstalt 1968, (res novae, dritte welt). — 197 Seiten.

Die „Ausgewählten Werke in Einzelausgaben", eine von den Erben Che Guevaras autorisierte Fassung, die Horst-Eckart Gross bei Weltkreis im Pahl-Rugenstein Verlag, Köln, herausgibt, sind auf 6 Bände geplant. Diese Ausgabe beruht auf der neunbändigen kubanischen Ausgabe von 1977. Außer den beiden erschienenen Büchern sind für die Jahre 1988 bis 1991 angekündigt: Bd. 3 — Über die kubanische Revolution; Bd. 4 — Aufsätze über den Internationalismus; Bd. 5 — Bolivianisches Tagebuch; Bd. 6 — Der neue Mensch (Neuauflage).

2. Selbständige Veröffentlichungen mit Texten von Che Guevara

Charles Bettelheim, Fidel Castro, Ernesto Che Guevara, Ernest Mandel, Alberto Mora, *Wertgesetz, Planung und Bewußtsein*, Die Planungsdebatte in Cuba, herausgegeben und eingeleitet von Wolfgang Müller, aus dem Spanischen bzw. Französischen übersetzt von K. Brachmann, G. Richter, J. Buscado, U. Schirmer, L. Bieber, A. Schubert, überarbeitet von Wolfgang Müller, Frankfurt a. M.: Verlag Neue Kritik 1969, (Probleme sozialistischer Politik, Bd. 15).

„Über den Begriff des Wertes", S. 39-46.
„Über das Budget-Finanzierungssystem", S. 47-79.
„Die sozialistische Planung und ihre Bedeutung", S. 145-157.

Fidel Castro, *Rede vom 13. März* / Ernesto „Che" Guevara, *Botschaft an die Völker der Welt*, mit einer Einführung von Trece-Galeno, München: Trikont Verlag o.J. [1967], (trikont aktuell, [Nr. 1]).

„Botschaft an die Völker der Welt", S. 7-22.

Giangiacomo Feltrinelli (Hrsg.), *Lateinamerika — Ein zweites Vietnam?* Texte von Douglas Bravo, Fidel Castro, Régis Debray, Ernesto Che Guevara u.a., Reinbek bei Hamburg: Rowohlt Taschenbuch Verlag 1968, (Rowohlt Paperback, Nr. 66).

„Mensch und Sozialismus auf Kuba", S. 84-98.

„Schaffen wir zwei, drei, viele Vietnam...", S. 99-110.

Andre Gunder Frank / Che Guevara / Mauro Marini / Luis Vitale u.a., *Kritik des bürgerlichen Anti-Imperialismus*, Entwicklung der Unterentwicklung, Acht Analysen zur neuen Revolutionstheorie in Lateinamerika, herausgegeben von Bolivar Echeverria und Horst Kurnitzky, Berlin (West): Verlag Klaus Wagenbach 1969, (Rotbuch, Nr. 15).

„Taktik und Strategie der lateinamerikanischen Revolution", S. 132-145.

Materialien zur Revolution in Reden, Aufsätzen, Briefen von Fidel Castro, Che Guevara, Régis Debray, aus den Originaltexten übersetzt von Irma Reblitz, Darmstadt: Joseph Melzer Verlag 1968.

„Gesang auf Fidel", S. 11 f.

„Abschiedsbrief an die Eltern", S. 13 f.

„Was ist ein ‚Guerillero'?", S. 43-48.

„Für Camilo...", S. 49-57.

„Vorwort zu dem Buch ‚Volkskrieg, Volksarmee' von Nguyen Giap", S. 60-69.

„Guerillakrieg — eine Methode?" (gekürzt), S. 70-89.

„Was heißt es, ein junger Kommunist zu sein?", S. 90-108.

„Gegen den Bürokratismus", S. 128-137.

„Rede in Algier", S. 138-155.

„Der Sozialismus und der Mensch auf Cuba", S. 168-192.

Heinz Rudolf Sonntag (Hrsg.), *Che Guevara und die Revolution*, Frankfurt a. M. und Hamburg: Fischer Bücherei 1968, (Fischer Bücherei, Informationen zur Zeit, Nr. 896).

„Was ist ein Guerillero?", S. 13-15.

„Abschiedsbrief" (an Fidel Castro), S. 49 f.

„Botschaft an die Völker der Welt", S. 127-138

„Mensch und Sozialismus auf Cuba" (gekürzt), S. 139-154.

Karl Dietrich Wolff (Hrsg.), *Tricontinental*, Eine Auswahl 1967-1970, aus dem Englischen übersetzt von Burkhard Bluem, Rochus Bassenauer, Susan Gillespie, Cornelius Müller, Rupert von Plottnitz, Thomas Schmid, Frank Wolff, Frankfurt a. M.: März Verlag 1970.

„Internationalismus und Antiimperialismus" (Rede in Algier), S. 303-314.

Biographien und Erinnerungen an den Che in deutscher Sprache

Ernesto Guevara [Lynch], *Mein Sohn Che*, aus dem Spanischen übersetzt von Karin Vogt, überarbeitet von Horst-Eckart Gross, Hamburg: Verlag am Galgenberg 1986. — 409 Seiten.
Originalausgabe: *Mi hijo el Che,* Barcelona 1981.

Frederik Hetmann [Pseudonym von Hans-Christian Kirsch], *„Ich habe sieben Leben"*, Die Geschichte des Ernesto Guevara, genannt Che, mit Fotografik von Günther Stiller, Weinheim und Basel: Beltz und Gelberg 1972. — 222 Seiten.
Taschenbuchausgabe: Reinbek bei Hamburg: Rowohlt Taschenbuch Verlag 1977, (rororo-Rotfuchs, Nr. 137). — 218 Seiten.
Dieses Buch, dessen gebundene Ausgabe 6 Auflagen erreicht hat, insgesamt in über 100000 Exemplaren verbreitet ist und den Deutschen Jugendbuchpreis erhielt, ist (trotz etwas fragwürdiger politischer Urteile an einigen Stellen) zweifelsohne auch für Erwachsene eine sehr gute und nicht teure Einführung in das Thema.

Horst-Eckart Gross / Klaus-Peter Wolf, *Che*, Meine Träume kennen keine Grenzen, Roman, Dortmund: Weltkries 1982. — 218 Seiten.

Daniel James, *Che Guevara,* Leben und Sterben eines Revolutionärs, aus dem amerikanischen Englisch übertragen von Teja Schwanen, München: Wilhelm Heyne Verlag 1985, (Heyne Biographien, Nr. 133). — 511 Seiten.
Originalausgabe: *Ché Guevara,* A Biography, New York 1969.

Horst Kurnitzky (Hrsg.), *Ernesto Che Guevara: Hasta la victoria siempre!* Eine Biographie, mit einer Einführung von Bolivar Echeverria, Übersetzungen aus dem Spanischen von Alex Schubert, Berlin: Peter von Maikowski 1968. — 208 Seiten.
Eine „biographische Montage", mit zahlreichen Fotos.

Josef Lawrezki [Pseudonym von Jossif Romualdowitsch Grigulewitsch], *Ernesto Che Guevara*, aus dem Russischen übertragen von Mathias Moll, Berlin (DDR): Verlag Neues Leben 1974 / Frankfurt a. M.: Verlag Marxistische Blätter 1975. — 496 Seiten.
Originalausgabe: *Ernesto Tsche Gewara*, Moskau 1972. Zwei weitere, überarbeitete Ausgaben.
Die in dem vorliegenden Buch diskutierten Vorgänge und Gedanken des Che wurden in dieser Biographie fast vollständig ausgespart.

Elmar May, *Che Guevara* in Selbstzeugnissen und Bilddokumenten, Reinbek bei Hamburg: Rowohlt Taschenbuch Verlag 1973, (rowohlts monographien, Nr. 207). — 153 Seiten.

RIUS [Pseudonym von Eduardo del Rio], *A-B-Che*, Schlicht und ergreifend die Biographie eines Revolutionärs unserer Zeit, herausgegeben von der Freundschaftsgesellschaft Westberlin-Kuba e.V., aus dem Spanischen übersetzt von Wolfgang Arns und Andreas Hamm, Berlin (West-): Elefanten Press Verlag 1982, (Elefanten Press Comic, EP 63). 95 Seiten.

Ricardo Rojo, *Ché Guevara,* Leben und Tod eines Freundes, aus dem Spanischen übersetzt von Marlies Krans de Gutierrez, Frankfurt a. M.: S. Fischer Verlag 1968.
Originalausgabe: *Mi amigo el Che,* Buenos Aires 1968.

Andrew Sinclair, *Che Guevara*, aus dem Englischen übersetzt von Amai von Savigny, München: Deutscher Taschenbuch Verlag 1970, (Moderne Theoretiker, herausgegeben von Frank Kermode; dtv, Nr. 718). — 122 Seiten.

Außerdem ist der bereits angeführte Sammelband *Che Guevara und die Revolution* zu nennen, der neben Texten von Che Guevara selber Beiträge des Herausgebers Heinz Rudolf Sonntag und von Elena Hochman, Rafael Gutiérrez Girardot, Jean Ziegler, Michel Bosquet [André Gorz, Gerhard Horst], Fidel Castro, Peter Weiss, Sven G. Papcke enthält.

Ferner ist für Herbst 1987 eine deutsche Ausgabe der Erinnerungen eines Jugendfreunds an die gemeinsame Reise angekündigt: Alberto Granados, *Mit Che durch Südamerika*, aus dem Spanischen übersetzt von Horst-Eckart Gross, Köln: Weltkreis (ca. 220 Seiten).

Guevara de la Serna, Ernesto Che (1928-1867). Herausragender Revolutionär, Expeditionär auf der *Granma*, einer der herausragendsten Figuren der kubanischen Revolution und internationalistischer Kämpfer. Wurde am 14. Juni 1928 in Rosario, Argentinien, geboren. Studierte Medizin. 1954 befindet er sich in Guatemala, wo er zum ersten Mal an einer Revolution teilnahm. Nach dem Sturz der [guatemaltekischen] Regierung Arbenz emigrierte er nach Mexiko, wo er Fidel Castro kennenlernte und als Arzt an der Expedition der *Granma* teilnahm. Während des nationalen Befreiungskriegs in Kuba zeichnete er sich durch seine Tapferkeit und seinen Mut aus, wodurch er zum Kommandanten aufstieg. Er war Chef der Invasionskolonne Nr. 8 „Ciro Redondo" und leitete im Dezember 1958 den Kampf um die Einnahme der Stadt Santa Clara. Nach dem revolutionären Sieg erfüllte er verschiedene Aufgaben, darunter in erster Linie die Leitung der Kubanischen Nationalbank und des Industrieministeriums. Außerdem vertrat er unser Land bei verschiedenen internationalen Ereignissen, wie der Generalversammlung der UNO und der Konferenz von Punta del Este, Uruguay, im Jahre 1961. Er war Vorkämpfer der freiwilligen Arbeit und Chronist der Revolution; unter seinen bemerkenswertesten Schriften befinden sich: *Pasajes de la guerra revolucionaria* (Episoden aus dem Revolutionskrieg); *La guerra de guerrillas* (Der Partisanenkrieg, 1960); *Mensaje a la Tricontinental* (Botschaft an die Völker der Welt, 1967) und *El socialismo y el hombre en Cuba* (Der Sozialismus und der Mensch in Kuba, 1965). 1965 verabschiedet er sich von Fidel und dem kubanischen Volk, um in andere Länder der Erde zu gehen und um für den Sieg der Armen und gegen den Yankee-Imperialismus zu kämpfen. Er fiel, feige ermordet, am 8. Oktober 1967, in Bolivien. Dieser Tag ist unter dem Namen *Dia del Guerrillero Heroico* bekannt. Er ist Archetyp des revolutionären Intellektuellen; seine Arbeit und die revolutionäre Aktion und Theorie sind äußerst wertvoll. Sein bolivianisches *Tagebuch* — das er während seines Kampfes für die Befreiung dieses Landes schrieb — bietet uns eine reiche Information über die letzten Monate seiner heroischen Existenz.

Anmerkung des Instituts für die Geschichte der Kommunistischen Bewegung und der Sozialistischen Revolution beim Zentralkomitee der Kommunistischen Partei Kubas (aus *El Pensamiento de Fidel Castro*, Bd. I. 1, La Habana: Editorial Politica 1983).

Über den Autor

Michael Löwy, geb. 1938 in São Paulo, wohin seine Eltern vor den Nazis geflohen waren. Er kam 1961 zum Studium an der Sorbonne nach Paris und promovierte 1964 bei Lucien Goldmann über „Die Theorie der Revolution beim jungen Marx". 1970 erschien das vorliegende Buch über den Marxismus Che Guevaras, das in zahlreiche Sprachen übersetzt wurde und eine Vielzahl von Auflagen erreicht hat. Außerdem hat er viele Bücher und Artikel zu den Werken von Marx, Rosa Luxemburg, Lenin, Lukács, Ernst Bloch, über den Marxismus in Lateinamerika, Wissenssoziologie, die revolutionäre Romantik usw. verfaßt. Gegenwärtig ist er Forschungsdirektor an der Pariser EHESS (*Ecole des Hautes Etudes des Sciences Sociales*).

Buchveröffentlichungen in deutscher Sprache:

Che Guevara, 1. Aufl., Frankfurt (ISP) 1987.

Revolution ohne Grenzen. Die Theorie der permanenten Revolution, Frankfurt (ISP) 1987.

Marxismus in Lateinamerika 1909-1987, 2., überarb. u. erweiterte Auflage, Frankfurt (ISP) 1988.

Marxismus und Religion. Die Herausforderung der Theologie der Befreiung, Frankfurt (ISP) 1990.